Chartes de Chauny
par
Poissonnier.

COMITÉ ARCHÉOLOGIQUE
DE NOYON.

Comptes-rendus et Mémoires
lus aux séances,

tome VI.

Noyon.

1882.

QUELQUES CHARTES ANCIENNES DE LA VILLE DE CHAUNY.

Au retour d'une visite faite aux archives de Noyon et de Chauny, vers l'année 1781, l'infatigable et savant bénédictin Dom. Grenier disait, il y aura bientôt cent ans (1) « que l'hôtel de ville de Chauny conservait une suite de ses anciens registres aux délibérations et de ses comptes de dépenses. »

Cette ville a été assez heureuse, en effet, pour posséder jusqu'à ce jour, bon nombre de ses anciennes chartes que ne relate pas toutes le Cartulaire encore inédit de Chauny.

Malgré les difficultés que présente, pour nous, une pareille entreprise, nous essayerons de donner le texte ou la traduction de la partie la plus intéressante de ces chartes dont plusieurs sont encore munies des sceaux qui en attestent l'authenticité. Nous aborderons même la difficulté très grande pour nous de reproduire par un dessin exact et de grandeur naturelle, l'empreinte de ces sceaux mutilés pour la plupart, et que le temps ou les accidents font disparaître de loin en loin. Puissent nos forces répondre à notre désir dans ce travail aride et ingrat !

Au nombre des chartes que Chauny a pu conserver se trouvent celles qui suivent :

---

(1) Rapport lu au Comité historique de Paris, dans la séance du 17 janvier 1782. Roger, bibliothèque historique de la Picardie et de l'Artois, p. 67.

Charte de Philippe III, dit le Hardi, roy de France, qui réserve au justicier de Viry le droit de punir les habitants de Viry, même ceux qui auraient été arrêtés à Chauny.

Novembre 1282.

Philippus Dei gratia Francorum rex universis presentes litteras inspecturis, salutem !

Notum facimus quod cum decanus et capitulum parisienses nobis conquesti fuissent quod gentes nostre et maïor et scabini de *Canniaco* homines dictorum decani et capituli de *Viriaco* contra tenorem cartœ Comitissœ Viromandensis confecte super quandam compositionem inter dictos decanum et capitulum ex una parte, et dictam Comitissam ex altera olim factam, apud Canniacum justiciabant et arrestabant, Nobis supplicantes quod nos dictam cartam sibi teneri et gentes nostras et dictos Maiorem et scabinos a dictis justiciatore et aresto cessare faceremus ; ipsis Maiore et scabinis ex adverso dicentibus se esse in possessione a tempore quo non extat memoria et etiam ante tempus compositionis predicte faciendi arrestum apud Canniacum et specialiter arrestandi homines de Viriaco etiam a *justiciatore hominum de Viriaco,* (1) dicentibus insuper quadam et singulari consuetudine pateret in villis vicinis scabinatum habentibus arrestum consimile fieri consueverit.

Tandem visa carta predicta et rationibus partium intellectis pronunciatum fuit per curie nostre judicium quod dicti Maïor et scabini in possessione dicti arresti remanebunt et si homines de *Viriaco* delinquant vel jam deliquerint in rebus de quibus sumus advocati, apud *Viriacum* justiciabuntur juxta tenores cartarum Ecclesie Beate Marie parisiensis.

In cujus rei testimonium presentibus litteris nostrum fecimus apponi sigillum. Actum Parisiis Anno Domini Millesimo ducentesimo octogesimo secundo, mense novembri.

Original sur parchemin auquel append le
sceau en cire verte avec lacs de soie mi-partie
rouge et verte, dont le dessin est ci-après
reproduit.

---

(1) Ces trois mots se devinent plutôt qu'ils ne se lisent sur l'original.

Traduction de la Charte d'autre part.

Philippe, par la grâce de Dieu, roi des Francs, à tous ceux qui ces présentes lettres verront, salut !

Savoir faisons que comme le doyen et chapitre de Paris s'étaient plaints à Nous de ce que nos sujets les maire et eschevins de Chauny faisaient arrêter et juger à Chauny, les hommes des dits doyen et chapitre de Viry, contrairement à la teneur d'une charte donnée par la comtesse de Vermandois, relative à une convention intervenue entre lesdits doyen et chapitre, d'une part, et ladite comtesse, d'autre part ; lesquels doyen et chapitre nous suppliaient de les maintenir dans les droits énoncés dans la charte précitée et de faire que nos sujets les dits maire et eschevins s'abstinssent des dites arrestations et condamnations. De leur côté les dits maire et eschevins soutenaient que, depuis un temps immémorial et même antérieurement à la convention invoquée par le chapitre de Notre-Dame, ils exerçaient tout spécialement le droit d'arrêter à Chauny les habitants de Viry, malgré le justicier dudit Viry ; alléguant, en outre, qu'ils avaient coutume d'opérer des arrestations semblables dans les endroits voisins ayant des eschevins et ce en vertu d'un certain usage particulier.

Enfin, après avoir vu la convention dont il s'agit et entendu les motifs allégués par les parties, la décision suivante a été prise par notre Cour de Parlement : c'est assavoir que les dits maire et eschevins conserveront le droit d'opérer les arrestations, et si les habitants de Viry commettaient ou avaient déjà commis des délits pour les circonstances qui nous ont été exposées, les délinquants seront jugés à Viry, selon la teneur des chartes octroyées à l'église Sainte-Marie de Paris : en témoin de quoi nous avons fait apposer notre scel à ces présentes.

Fait à Paris, l'an du Seigneur mil deux cent quatre-vingt-deux au mois de novembre.

———

Donation par Thierry, dit Davains, bourgeois de Channy, et Hélinde, sa femme, de 4 setiers 7 verges de terre, sur le terroir d'Ognes, aux pauvres de la ville de Chauny.

Septembre 1286.

Universis presentes litteras inspecturis : offic. curie Noviomensis salutem in Domino. Noveritis quod coram dilecto et fideli nostro Alano, clerico curie Noviomensis, notario ad hoc a nobis destinato specialiter, cui fidem super hoc plenam duximus adhibendam, propter hoc personaliter constituti, Therricus dictus Davains, burgensis Calni. et Helindis ejus uxor, asseruerunt quod ipsi habebant quatuor sextarios et septem virgas terre vel circiter, sitos in territorio de Oigne, in loco inferius annotato, videlicet tenentes ad terram Roberti de Foulembray, ex parte una, et ad terram Johannis Tobe ex alia et se deaboutent ad pastoragium per quem itur de Oigne a Vilete, quam terram dicti conjuges acquisieverunt denariis pauperum caln. et ad opus ipsorum pauperum, Colardo dicto Diviri et Marie ejus uxor, pro duodecim libras paris. ipsis Colardo et ejus uxori solutis a dictis Therrico et ejus uxore, ut dicebant predicti Therricus et ejus uxor, predictam terram ob remedium animarum suarum dederunt, contulerunt et concesserunt in puram et perpetuam elemosinam, pure, libenter et irrevocabiliter, scabinis ville Calniacensis ad opus dictorum pauperum et pro ipsis, ita videlicet quod dicti scabini fructus proveniens et exitus dicte terre, singulis annis, dictis pauperibus prout sibi viderint expedire distribuent ac ipsos fructus recipient et ipsam terram ad opus dictorum pauperum habebunt in futurum. Promittentes dicti Therricus et ejus uxor fide data quod contra dictam donationem, collationem et concessionem et premissa vel aliquod premissorum per se vel per alium non venient in futurum nec aliquid juris de cetero in dicta terra reclamabunt aut reclamari facient seu procurabunt modo quocumque. Recognovit dicta Helindis se premissa ·ecisse spontanea voluntate sua et non coacta, dicto Therrico

Marito suo presente et eidem Helindi uxori sue auctoritatem
faciendi premissa et assensum prestante, renunciantes expresse
dicti conjuges sub dita fide quantum ad hec omni privilegio,
indulto vel indulgendo a Principe vel a perlato omni consue-
tudini et statuto, omni juris et legis auxilio, exceptioni doli
mali et fraudis, exceptioni deceptionis, omni privilegio fori ac
communi in factum, omni privilegio Crucis et omni auxilio
ejusdem et omnibus aliis exceptionibus et rationibus tam juris
quam facti que possent obiri vel proponi contra presentes
litteras seu contenta in eisdem. Que autem omnia coram dicto
notario facta prout idem notarius nobis retulit cui fidem ad-
hibemus, volumus et approbamus et ea rata et firma habemus
ac si coram nobis facta essent.

In cujus rei testimonium presentibus litteris Sigillum Curie
Noviomensis duximus apponendum.

Datum anno Domini millesimo ducentesimo octogesimo
sexto, mense septembri.

Sur le pli : Alanus.

> Charte de l'officialité de Noyon. Original
> en parchemin, avec sceau de cire verte, de
> forme orbiculaire. — « On regarde comme très-
> rares les sceaux propres aux officiaux. »
> (Quentin. Dict. raisonné de diplom. chré-
> tienne, p. 771, édit. Migne).

Philippe IV, dit le Bel, roy de France, accorde aux maire et jurés de Chauny
la justice de sang et meslée.

Mars 1290.

Philippus Dei gratiâ Francorum rex, notum facimus universis tam presentibus quam futuris quod cum Maiori et Juratis
communie de Chauniaco per cartam regiam Justicia sanguinis
et mellerie infrà metas sue communie sit concessa, gentes que

17.

nostre a viginti annis citrà sicut intelleximus, se ingesserint pro Nobis in cognitione dicte justicie, propter quod dicti Maior et Jurati nobis supplicaverint ut eis restitueremus et redderemus justiciam sanguinis et melleie predictam. Nos, auditâ dictâ supplicatione, visâ que dictâ cartâ volumus et concedimus quod licet gentes notre aliquociens dictâ justiciâ pro Nobis usefuerunt, dicta justicia sanguinis et melleie restituatur Maiori et Juratis predictis ipsis perpetuò remansura et manutenenda *ad modum Communie Sancti Quintini*, ad cujus communie punctus dicta communia Chauniaci, ut dicitur, est fundata.

Quod ut ratum et stabile permaneat in futurum, presentibus litteris nostrum fecimus apponi sigillum.

Actum Parisii anno Domini millesimo ducentesimo nonagesimo, mense Martio.

Charte sur parchemin, avec sceau royal en
cire verte, tenu par lacs de soie verte et rouge.

Cette charte est accompagnée d'un autre titre également sur parchemin, qui est un *vidimus* de cette même charte et qui commence ainsi :

15 janvier 1394.

A tous ceuls qui ces présentes lettres verront Oudart Lefevre, garde de par monseigneur le duc d'Orléans, du seel de la baillie de Vermandois estably à Chauny, salut ! Sachent tuit que le venredy quinziesme jour de janvier l'an mil trois cens quatre-vins-et-quatorze, à nous fu rapporté et relaté par nostre amé et féal Guillaume Biset, clerc, demourant à Chauny, tabellion juré et estably de par mon dit seigneur pour oïr et recevoir toutes convenances et obligations soubz le dit seel,

Que le dit jour il avoit tenu, veu et diligaument leu mot après autre, unes lettres saines et entières de seel et escripture, en las de soie et cire vert, scellées du seel de feu Prince de bonne mémoire le roi Philippes, jadis nostre sire, roy de

France, dont Dieu ayt l'âme : desquelles la teneur s'en suyt :
« Philippus Dei gratiâ *(comme en la charte qui précède)*.

. . . .

Et estoient au dos ainsy signées : *Visa per partem adversam, Coterna et Legros.*

En tesmoing de ce nous, à la relacion dudit Tabellion qui tout ce nous rapporta par son seel et saing manuel mis à ces présentes lettres de *vidimus* ou transcript, icelles avons scellé du seel de la baillie dessus dit.

Ce fu fait l'an et jour dessus diz.

Signé : BISET.

Sur le verso il est écrit : Coppie de la charte pour le sang et merléc.

Pour le sang et meslée.

Le roi Philippe IV, dit le Bel, proroge de deux jours la foire de Chauny, appelée Fête-Marchande, qui se tenait le jour de la décollation de saint Jean-Baptiste.

Février 1304.

Philippus Dei gratiâ Francorum rex, notum facimus universis, presentibus et futuris quod cum dilecti nostri Maior et Jurati ville Calinaci nobis supplicassent ut nundinas quas in villa Calinaci plenam diem videre in festo decollationis Beati Johannis Baptistœ annuatim habebant, de duabus diebus diem plenam continue sequentibus prolongare vellemus.

Nos cum nemini injuriam vellemus facere in hac parte, Baillivo nostro Viromandensi per nostras patentes litteras dedimus in mandatis ut utrum hujus modi prolongatio cuipiam esset prejudicialis et nobis dampnosa vel non, se diligentius informaret. Verum quia per informationem dicti Baillivi super hoc factam et nobis relatam, invenimus dictam prolongationem nemini prejudicialem esse nec nobis dampnosam, Nos

nundinas predictas de duabus diebus à die festivitatis predicte
continuè et exclusivè computandas, de speciali gratia, prolongationem volentes, concedentes et presenti tenore mandantes,
quatenus dicte nundine in festo predicto et per duas dies
continuè sequentes in villa dicta Calniaci, annis singulis et
perpetuo, ad usus et consuetudines quibus erant anteà,
teneantur. Salvo tamen in omnibus jure nostro et jure quolibet alieno.

Quod ut firmum et stabile perseveret, presentibus litteris
nostrum fecimus apponi sigillum.

Actum Parisii anno Domini millesimo trecentesimo quarto
mense februarii.

Sur la lettre de *vidimus* qui accompagne la charte ci-dessus
transcrite on lit ce qui suit :

A tous ceux qui ces lettres verront Pierre de Dicy, garde de
la Prévôsté de Paris, salut !

Sachent tuit que nous l'an de grâce mil CCC et quatre le
samedi avant la Saint-Pierre en février, veismes unes lettres
scellées du seel de Nostre Seigneur le Roy, contenant cette
forme :

« Philippus Dei gratiâ *(comme il est dit ci-dessus).* »

. . . .

Et nous en ce transcript avons mis le seel de la Prévosté de
Paris, l'an et le jour sus-dits.

Au verso est écrit :

1° Copie de la feste Saint-Momble sous le seel du Chastelet,
ampliée de deux jours ;

2° Comment la foire fut ralongée de deux jours.

Vidimus.

Originaux en parchemin.

Le sceau de la Prévosté de Paris manque complètement.

Sentence d'absolution rendue par l'officialité de Noyon, au profit d'Hesselin, maire de Chauny, qui avait fait emprisonner un clerc. — (Vidimus d'une).

20 juin 1319.

Universis presentes litteras inspecturis : Officiales Remensis salutem in Domino.

Noverint universi Nos Anno Domini millesimo trecentessimo decimo nono, feria quarta ante festum Nativitatis Beati Johannis Baptiste litteras infra scriptas sigillo curie Noviomense prout prima facie apparebat sigillatas non cancellatas, non abolitas, non viciatas, nec non aliqua sui parte lesas *vidisse* in hec verba : Universis presentes litteras inspecturis. Nicolaus Albi, officialis Noviomensis ac Vicarius generalis reverendi in Christo patris ac domini domini Fulcandi Dei gratia Noviomensi episcopi salutem in Domino sempiternam.

Noveritis quod cum materia questionis esset exorta super diversis articulis et querelis coram venerabili et discreto viro magistro Johanne de Suessione tunc gerente se pro officiali seu locum tenente officialis Noviomensis occasione cujusdam monitionis ab eodem tam ex officio quam ad instantiam Petri dicti Bannage quem clericum asserebat emanare et decano christianitatis Calniacencis directe virtute cujus idem locum tenens moneri mandabat Maiorem ville Calniacensis ut dictum clericum quem carceri mancipatum detinebat eidem redderet et deliberaret. Alioquin nisi dicte monitioni pareret ipsum Maiorem quem in sententiam canonis late sententie asserebat incidisse et eandem incurrisse auctoritate sua ordinaria eumdem Maiorem in scriptis excoitari mandavit ac etiam eundem excoitatum a canone late sentencie nuntiari nec non in villa Calniacensi occasione premissa cessari a divinis mandavit qui Maior raciones validas et efficaces propter quas dicte monitioni parere minime tenebatur proposuit tales videlicet, quia dictus Petrus captus fuerat in presenti delicto in habitu laicali absque possessione tonsure clericalis, ac etiam erat mercator tabernarius publicus ac etiam dictus locum tenens seu decanus minime erant informati super possessione tonsure clericalis dicti Petri. Dictus tamen Decanus ad mandatum dicti locum tenentis nulla informatione facta super Clericatu in dicta Petri, dicto maiore in rationibus suis non exaudito eundem Maiorem sine excomunicationis auctoritate ordinaria occasione premissorum innodari et excomunicari mandavit et a canone late sentenlie occasione premissa excomunicatum nuntiari. Et cessare fecit a divinis in dicta villa Calniacensi virtute monitionis antedicte. propter que dictus Maïor sentiens se in premissis fore indebite pregravatum propter predicta gravamina et quodlibet eorumdem contra dictum locum tenentem et omnes illos quorum intererat et interesse poterat pro se et suis adherentibus et adherere volentibus in scriptis petitis apostolis ut decuit ad curiam Remensem canonice provocavit ac etiam appelavit. Cui appellationi seu provocationi Jurati dicte ville ac magister Symon dictus Li Descarguerres clericus eorumdem statum adheserunt prout predicta in publico instrumento super hoc confecto continetur.

Quas appelationes provocationes et adhesiones dicti Maior et jurati legi fecerunt innovaverunt et statuto provocaverunt et appellaverunt coram dicto locum tenente et contra eundem ex causis legitimis et apostolicis in scriptis petierunt competenter.

Quibus appellationibus provocationibus et innovationibus spretis dictus locum tenens plures et varias processus nisus fuit facere contra magistrum Nicolaum Hiesselin clericum tunc maïorem ville Calniacensis Juratos dicte ville videlicet Jacobum dictum Le Mannier ; Bertrannum, dictum Poitevin et Bertrannum Cachemarée tam conjunctim quam divisim post et contra predictas provocationes et appellationes dictus que locum tenens predictum magistrum Nicolaum clericum Maïorem ville Calniacensis cepit et carceri mancipatum detinuit nulla causa sufficienti proposita et recredentiam eidem magistro Nicolao clerico facere pretermisit, distulit seu etiam denegavit, pro quibus premissis omnibus et singulis gravaminibus,

ex parte dicti magistri Nicolai contra dictum locum tenentem in
scriptis petitis apostolis ut decuit ad curiam Remensem canonice extitit provocatum seu etiam appellatum super quibus
appellationibus fuit diutius inter dictas partes in curia Remensi
litigatum et processum. Tandem nos Officialis Noviomensis
tenore monitionis predicte et exequtoris ejusdem dicto decano
factœ qui fines mandati excesserat in predictis ac etiam tenore
processuum exinde subsequtorum a dicto locum tenente at-
tentis et consideratis et ex causis aliis plurimisque animum
nostrum monere potuerunt, convocato bonorun et jurisperito-
rum consilio ad evitandum rancores dictarum partium et li-
tium anfractus omnes processus et singulos factos a dicto
locum tenente ac decano christianitatis Calniacensis aut alio
quocumque comissario dicti locum tenentis auctoritate ordinaria ex officio vel ad instantiam partis nec non promulga-
tiones excommunicationis denonciatoris excomunicationis
canonis late *sine* occasione premissorum contra Maiorem ville
Calniacensis ac contra magistrum Nicolaum dictum Hesselin
clericum, nec non contra Jacobum dictum Le Mannier, et alias
personas predictas tam conjunctim quam divisim et quidquid
ex dictis processibus ob eos seu occasione eorumdem ante
post et contra predictas provocationes et appellationes fuit
subsequtum in hiis scriptis, revocamus et eosdem non valere
nec valuisse, dictos que Majorem Calniacensem, magistrum
Nicolaum et juratos predictos non actasse nec actare in hiis
scriptis pronunciavimus, dictos que Majorem magistrum
Nicolaum dictum Hesselin, Jacobum le Mannier, Bertrannum
Poitevin, Bertrannum Cachemarée, magistrum Symonem Le
Descargueur eorum consortes auxilium consilium et favorem
publice vel occulte in premissis prebentes, si absolutione
indigeant, a sentenciis predictis tam auctoritate Ordinaria
quam auctoritate Canonis in hiis scriptis absolvimus et abso-
lutos palam et publice in ecclesiis parrochialibus civitatis et
dyocesis Noviomensium per presbyteros eorumdem nuntiare
mandamus et de registris Curie Noviomensis occasione premissorum et guaruandiam que contumaciarum occasione curie

Noviomensis seu procuratorem ejusdem deleri volumus eosdem et deleri faciemus et delemus. Preterea de facto captivitatis et detentionis dicti Petri Sauvage contra predictos Majorem Calniacensem, magistrum Nicolaum dictum Hesselin, Juratos et servientes dicte ville seu quoscumque alios de cetero nunc procedemus sed omnino a promissis desistimus ac potius procedere contra eosdem prohibemus nec eosdem molestabimus ac etiam procuratori curie Noviomensis super premissis silentium perpetuum imponimus et a predictis omnibus eosdem penitus absolvimus in hiis scriptis ac etiam liberamus.

Insuper quia dictus magister Nicolaus Hesselin clericus major ad presens ville Calniacensis in Curia Remensi contra dictum locum tenentem de injuria eidem illata a dicto locum tenente occasione captionis et detentionis dicti Magistri Nicolaï litigabat... Arbitrio bonorum inter dictas partes communi consensu eorum fuit et est pro bono pacis concordantie ac etiam ordinatus que magister Johannes de Suessione tunc temporis locum tenens accedet ad domum specialem Noviomensem coram omnibus ibidem assistentibus et assistere volentibus pro captivitate et detentione predictas ac etiam injuria dicti magistri Nicolaï Hesselin etiam voluntati seu dispositioni duorum amicorum carnaliter dicti magistri Nicolaï videlicet Bertrani dicti. Hesselin fratris, dicti magistri Nicolaï, magistri Petri de *Faraphisia* seu Johannis de *Pomeria* si dictus magister Petrus commode acta promissa vacare non posset compromissariarum a dicto magistro Nicolao electorum omnino se supposuit et ordinationem eorumdem super promissis tenere et observare promisit.

In quorum omnium testimonium Sigillum Curie Noviomensis presentibus litteris duximus apponendum.

9 juin 1319.

Actum et datum nona die junii anno Domini millesimo trecentesimo decimo nono. In cujus visionis testimonium

presenti transcripto sigillum Curie Remensis duximus apponendum.

Datum anno et die primo supra scriptis : per Magistrum
Johannem officialem, ex relatione Perardi de Villan clerici
(apperite) Curie Remensis.

Sur le pli : *Facta est collatio.*

Original en parchemin bien conservé.

**Vidimus d'une sentence d'absolution rendue par l'officialité de
Noyon, au profit d'Hesselin, maire de Chauny, qui avait fait emprisonner un clerc et, pour ce méfait, avait encouru la peine de
l'excommunication.**

20 juin 1319.

TRADUCTION ABRÉGÉE :

A tous ceux qui ces présentes verront l'official de Reims
salut en Notre Seigneur ! Sachent tous que l'an de N. S. 1319,
4 féerie avant la fête de Saint-Jean-Baptiste, nous avons *vu*
les lettres ci-après transcrites, portant sur le recto le scel de
l'évêché de Noyon, n'ayant aucune rature, surcharge ni
souillure, très-bien conservées dans leur intégralité. Elles sont
ainsi conçues :

« A tous ceux qui ces présentes verront, Nicolas Albi, official
de Noyon et vicaire général de vénérable père et seigneur en
Jésus-Christ, Fulcand, par la grâce de Dieu évêque de Noyon,
salut en Notre Seigneur !

« Sachez qu'un différend survenu pour diverses causes entre
les ci-après nommés, fut porté devant vénérable et discrète
personne Me Jehan de Soissons, faisant alors fonctions d'official ou tenant lieu de l'official de Noyon. Par suite, ce dernier
ordonna d'office et à la demande de Pierre, dit Bannage, qui
prétendait avoir la qualité de clerc, qu'une admonition fût
adressée au maire de la ville de Chauny, afin que celui-ci eût

à lui délivrer et rendre le clerc sus-dit qu'il retenait en prison ! S'il ne soumettait pas à cette admonition, ledit maire encourrait les peines canoniques. — L'intimé ne s'étant pas rendu à cette injonction, fut appelé à donner les raisons de sa résistance. Voici celles qu'il allégua :

« Le sus-nommé Pierre, au moment de son arrestation, portait un habit laïc, n'avait point la tonsure cléricale et exerçait publiquement le métier de cabaretier. Le vice-official ainsi que le doyen de Chauny ignorait même que Pierre fût autorisé à porter la tonsure. — Néanmoins, par l'injonction du vice-official, sans faire d'enquête sur la cléricature dudit Pierre, sans entendre les explications du maire, sans avoir le pouvoir de l'excommunier, et sans l'avertissement préalable, le doyen prononça l'excommunication du maire Hesselin et ordonna de la lui fulminer; il interdit le maire et ses adhérens dans la ville de Chauny.

« Dans cette situation, se sentant grièvement blessé par cette procédure, le maire en appela à l'officialité de Reims; il s'adjoignit en cause les jurés de Chauny et le greffier, Me Symon, dit le Descarguerres.

« Sans tenir compte de cet appel, le vice-official de Noyon s'efforça de susciter divers incidents et procédures contre Me Nicolas Hesselin, clerc, exerçant les fonctions de maire de Chauny, et les jurés de cette ville qui étaient : Jacques, dit le Mannier, Bertran, dit Poidevin, et Bertran Cachemarée. En outre, ledit vice-official fit arrêter et emprisonner Nicolas Hesselin ; il ne lui permit pas de former recréance. La procédure traînait en lenteurs devant le tribunal de Reims.

« Enfin, Nous, official de Noyon, après que le vice-official eût examiné cette affaire et que nous eûmes pris connaissance de l'admonition sus-énoncée et de sa mise à exécution par le doyen, ce en quoi celui-ci avait outrepassé ses pouvoirs, ainsi que des diverses procédures qui ont suivi et qui pouvaient nous éclairer, après avoir consulté d'habiles jurisconsultes; afin d'éviter les rancunes entre les parties et les circuits d'actions qui pourraient survenir ;

« Déclarons mettre à néant toute la procédure pratiquée contre le maire de Chauny, Jacques le Mannier et les autres personnes parties en l'instance :

Disons que le maïeur de Chauny, Mᶜ Nicolas, les jurés sus-nommés sont hors de cause et, s'ils ont besoin d'être acquittés pour avoir pris part aux procédures dont il s'agit, d'une manière patente ou occulte, nous les absolvons par ces présentes, en vertu de l'autorité de l'Ordinaire et des Canons ;

Nous leur mandons de faire publier cette absolution dans les églises paroissiales de la cité et du diocèse de Noyon et par les curés de ces églises ;

Nous voulons que mention en soit faite sur les registres de l'évêché de Noyon ; que l'on cesse toutes poursuites contre les sus-nommés ;

Nous imposons un silence perpétuel au sujet de l'affaire sus-dite, au promoteur de l'officialité de Noyon ;

Nous dégageons du procès et absolvons entièrement les intéressés sus-nommés.

En ce qui concerne l'appel formé devant l'officialité de Reims par Mᵉ Nicolas Hesselin, jusqu'à présent clerc-major de la ville de Chauny, contre Mᵉ Jehan, de Soissons, et les griefs résultant contre ce dernier de l'emprisonnement par lui infligé audit Hesselin ; attendu que ledit Mᵉ Jehan consent à saisir de cette affaire l'officialité de Noyon, les parties sont convenues de s'en rapporter à la décision que rendront deux arbitres pris par elles comme amiables compositeurs et qui sont : Mᵉ Nicolas Bertran, sus-nommé, frère dudit Hesselin, et Mᵉ Pierre, de Pargny-Filain *(Faraphisia)*, ou Jehan de Pommiers *(Pomeria)*, au refus ou en cas d'empêchement de Mᵉ Pierre.

« En foi de tout ce qui précède, nous avons fait apposer au présent écrit le sceau de l'officialité de Noyon. — Fait et passé le neuvième jour de juin, l'an du Seigneur 1319.

Et en témoignage du présent *vidimus*, nous avons fait apposer à la présente copie le sceau de l'officialité de Reims (1).

____

(1) « Le sceau qui porte pour figure la teste d'un cerf, à cause que

Donné les jour et an sus-dits, signé par Mᵉ Jehan, official, à la relation de Pérard de Villan, clerc assermenté de l'officialité de Reims.

Le duc d'Orléans confirme les privilèges de la ville de Chauny.

7 août 1354.

Philippe filz du roy de France — duc d'Orliens — comte de Valois et de Beaumont — à tous ceulz qui ces présentes lettres verront salut.

Comme noz amez lez maire jurez et habitanz de nostre ville de Chauny-sur-Oise nous aient humblement supplié que leurs privilèges, franchises et libertez a eulz pieca ottroiez par chartres de noz prédécesseurs roys de France sellées en laz de soye et cire vert, nous leur vousissions garder et faire garder, et nostre entencion ne soit de alever sur noz bons et vraiz obéissans et subgiez aucunes nouvelletez indeues, mais desirrens et aiens en propos et volenté de les maintenir, garder et gouverner en pais et transquillité et les relever de toutes injustes oppressions savoir faisons qu'il nous plait et volons que de leurs diz privilèges, franchises et libertés desquelx il apparaîtra eulx avoir usé d'ancienneté paisiblement selon les poins de leurs chartres jusques à ores, yceulx maire, jurez et habitans puissent user et joïr dores en avant paisiblement, et les leur voulons et entendons garder et faire garder par noz officiers et subgiez, sans enfraindre. Si donnons en mandement à noz bailli de Valois et de Beaumont, et prévost de Chauny ou à leurs lieuxtenans et à chascun deux que des diz

---

la justice se rendoit à Reims dans la cour du cerf, posé par l'archevesque Gervais, vers l'an 1060, monstre encore le temps de l'établissement des officiaux.

» Les tourelles qui dominent estoient élevées au-dessus de l'officialité où se tient le siège de cette juridiction, d'où la rue qui est vis-à-vis a pris le nom de rue des *Tournelles.* »

(Dom. Marlot, *Histoire de la Ville, Cité et Université de Reims,* 2ᵉ édition, 3ᵉ vol. notes des pages 146 et 441.)

'privilèges, libertez et franchises il laissent et facent lesdiz maire, jurez et habitanz joïr et user par la manière dessus dite, et au contraire ne les empeschent ou sueffrent estre empeschiez en aucune manière. En tesmoing de ce nous avons fait mettre notre scel à ces lettres.

Donné en nostre chastel dudit Chauny le viie jour d'aoust l'an de grâce mil CCC cinquante-quatre.

> Charte en parchemin avec sceau et contre-sceau en cire rouge de Philippe de Valois. Le sceau tient à la charte par une languette de parchemin.

Arrêt du parlement de Paris concernant la juridiction des maire et jurés de la ville de Chauny. — Difficulté de fixer la date de cet arrêt. — Sceau de Philippe de France, seigneur de Chauny.

Années 1357-1359.

Dans le nombre des anciennes archives de la ville de Chauny on trouve un arrêt rendu par la cour du Parlement de Paris, le 28 mai de l'an 1357 à l'an 1359.

Avant d'en donner l'analyse, disons que la date de cet arrêt est difficile à préciser parce que le temps ou un accident a détruit la fin des cinquante-quatre lignes de la charte qui nous occupe en ce moment, notamment de la ligne finale. Il y est resté cette portion de la date : *millesimo CCC quinquagesimo...*

La formule de cet arrêt commence ainsi : *Karolus regis Francorum primogenitus regnum regens, dux Normanorum et Delphinius Vyennensis.....*

Or, ce prince régent était Charles, le premier fils du roi Jean. Il fut nommé régent en l'année 1356, après la funeste bataille de Poitiers, et c'est à partir de l'an 1357 que l'on mit sa qualité de Dauphin Viennois à la tête des lettres royaux (1).

---

(1) Le président Hénaut, histoire de France.

Ainsi l'arrêt en question ne peut être d'une date antérieure à l'an 1357.

D'un autre côté, la charte que nous nous proposons de relater ici porte encore, quoique bien mutilé. le sceau en cire rouge de Philippe de France, duc d'Orléans, comte de Valois et de Beaumont, seigneur de Chauny, marié à Blanche de France, cinquième fille de Charles-le-Bel. Or, Chauny avait été donné à Philippe de France, en l'année 1353, par le roi Jean, son frère aîné, et Philippe lui rendit cette même ville en l'année 1366 (1). Par suite, la date de l'arrêt en question ne peut être antérieure à l'année 1353 et varie. à défaut d'autre indication, entre les années 1357, 1358 et 1359.

La détérioration survenue à l'instrument de l'arrêt précité nous met dans l'impossibilité d'en fournir le texte latin intégralement, c'est pourquoi nous en donnerons seulement une analyse aussi fidèle que possible. Nous l'accompagnerons du dessin du sceau de Philippe de Valois. Nous nous attarderons encore à quelques explications sur ce sceau. Pour en obtenir le dessin entier, nous avons dû demander aux archives nationales un moulage du sceau de Philippe-de-Valois. Ce sceau était en usage dès l'année 1353, mais il diffère en quelques détails de celui qui accompagne notre charte. Ces différences sont peu importantes : La légende est la même sur les deux contre-sceaux ; elle est aussi la même pour ceux-ci et le sceau des archives nationales ; les deux cavaliers, sur l'un et l'autre sceau, sont d'une attitude, d'une armure, d'un équipement semblables. Il y a également similitude parfaite dans les ornements et les plis de la housse des deux chevaux. Ces divers caractères de ressemblance, presque d'identité, nous ont déterminé à compléter le dessin du sceau mutilé de notre charte, à l'aide du sceau appartenant aux archives nationales.

---

(1) Bien que Philippe de France eut restitué la ville de Chauny au roi Jean, en l'année 1366, on se servait encore de son sceau en l'année 1372, ainsi que l'atteste une charte relative à l'abandon fait à cette ville des vieux murs de ses remparts, dont les matériaux devaient servir à réparer l'enceinte de Chauny.

Nous avons pris grand soin de reproduire les chimères et les fleurs de lys tigées qui garnissent les compartiments trilobés du sceau de Chauny, au lieu des têtes d'homme et de lion qui occupent les vides laissés par les lignes de rosaces trilobées du sceau des archives nationales.

Cette explication nous a semblé nécessaire pour éviter les objections qui naîtraient de la comparaison des deux sceaux et de quelques différences dans des accessoires sans importance.

Il peut être utile aussi de rappeler que la charte de la commune de Chauny, de l'an 1213, calquée sur celle de St-Quentin, ainsi que le reconnaît le *Livre des Bourgeois*, était moyenne, suivant l'opinion d'un commentateur, tandis que la charte de Saint-Quentin était vicomtière. Cette charte de Chauny accordait néanmoins au maire et aux jurés de cette ville une juridiction assez étendue, notamment en ce qui regardait la police des foires et des marchés.

Béatrice de St-Pol, dame de Nèele, était dame usufruitière de Chauny, en vertu d'un échange fait en 1337 contre les châteaux de Crévecœur et d'Arleux ; elle revendiquait, par ses officiers ou prévots, la haute justice sur Chauny ; elle avait peut-être une tendance naturelle à augmenter ses prérogatives. Par suite, l'exercice des droits de police devait nécessairement produire des conflits de juridiction entre le maire et les jurés de Chauny, et Béatrice de Saint-Pol.

Ces conflits s'élevèrent plusieurs fois, notamment à l'occasion de violences commises contre des marchands de blé que dame Béatrice avait fait conduire en prison dans son château de Fréniche (1).

« Au temps de Blanche de France, veuve de Philippe, duc d'Orléans, seigneur de Chauny (par la donation du roi Jean, an 1353, déjà citée), les maire et jurés de cette ville remontrèrent au roi Charles V qu'ils voyaient avec douleur, depuis que Chauny avait été séparé de la couronne en faveur de Philippe ;

______

(1) Le P. Labbé, *Histoire manuscrite de Chauny.*

de Blanche, sa veuve, et de Béatrice de St-Pol, que la châtellenie de Chauny était considérablement diminuée, son port
devenu moins marchand, sa mairie et sa justice moins res-
pectées, ses foires moins fréquentées, et la ville beaucoup
moins peuplée qu'auparavant, etc., etc. »

Or, ces griefs que nous a transmis le P. Labbé, dans son
Histoire manuscrite de Chauny, entretenaient une certaine
irritation entre les maire et jurés de cette ville et Béatrice de
St-Pol. Cette dame voulut sans doute y mettre un terme en
portant devant la cour du Parlement un différend qui s'était
produit à l'occasion de l'arrestation et de l'emprisonnement de
marchands de blé saisis par ordre du maire et des jurés de
Chauny, vers l'année 1357.

Mais la ville de Chauny n'était pas seulement donnée en
apanage à Béatrice, de Saint-Pol. Le domaine direct, la sei-
gneurie de la ville appartenaient en même temps au roi de
France. L'autorité royale était aussi intéressée dans le procès
dont il s'agit, et Béatrice trouvait, en cette occasion, un puissant protecteur de ses prérogatives dans l'intervention royale.

Indépendamment de l'affaire relative à l'emprisonnement
des marchands de blé, il était encore question d'un crime de
mise en circulation de fausse monnaie. Pour ces deux graves
affaires, on contestait la juridiction du maire et des jurés de
Chauny.

Etant donné que le maire et les jurés pussent exercer quelque juridiction, infliger des corrections ou punitions quelconques, c'était, disait-on, en vertu d'une charte spéciale produite
devant la cour et qui le spécifiait manifestement pour les cas
de blessures, de vols, de rapt, d'incendie et autres crimes.
Néanmoins on prétendait que les maire et jurés ne devaient
pas connaître des causes criminelles, et qu'il était douteux
qu'ils pussent exercer la haute justice ; que, dans le doute,
leur droit devait s'entendre seulement de la moyenne et de la
basse justice.

Dans l'espèce déférée à la cour, en fermant les barrières ou
portes de la rivière pour arrêter les bâteaux de blé de certains

marchands, ce qui avait excité Symon Potier et ses complices à provoquer une sédition, les maire et jurés avaient fait mépris de l'autorité du Prévôt royal Symon de Saint-Artevelle, et avaient encouru notoirement le crime de lèse-majesté. Il en avait été de même en faisant emprisonner Colard, de Ham, pour crime de fausse-monnaie.

Cela étant, le Procureur royal et la dame Béatrice demandaient que la cour décidât que les maire et jurés de Chauny avaient abusé de leurs droits de justice et qu'ils fussent condamnés en telle amende qu'il plairait à la Cour de prononcer.

De leur côté, les maire et jurés alléguaient diverses raisons : 1° Leur commune était autorisée à se dire de fondation royale ; 2° ils connaissaient de tout ce qui intéressait la sécurité de la ville. 3° Leur charte de fondation étant établie sur celle de la ville de Saint-Quentin, ils devaient connaître de toutes les causes qui étaient soumises à cette dernière ville, depuis un temps immémorial. 4° Ils avaient même le pouvoir d'appliquer la peine du bannissement perpétuel. 5° On ne pouvait punir des maire et jurés qui agissaient de bonne foi, en vertu d'antiques usages, et l'on ne pouvait conclure qu'ils avaient encouru le crime de lèse-majesté, parce qu'ils avaient fait emprisonner des marchands de blé qui, en enlevant leur marchandise, pouvaient affamer la ville de Chauny. Pour ces divers motifs et autres qui sont développés, les maire et jurés concluaient à ce que la Cour prononçât qu'ils n'avaient encouru aucune amende ni peine et que la dame Béatrice fut condamnée aux dépens.

Le Procureur royal et Béatrice alléguaient que le pouvoir de bannir accordé par le roi aux maire et jurés, devait s'entendre d'une certaine interdiction de demeurer dans la ville et ne s'appliquait pas aux causes criminelles réservées personnellement au fondateur de la commune de Chauny ;

Que leur autorité s'étendait seulement au pouvoir de démolir la maison du banni ou d'exiger de lui une amende ; qu'en aucun cas ils ne pouvaient exercer la haute justice.

Après avoir consulté toutes les raisons qui pouvaient

l'éclairer, la Cour décida que les maire et jurés de Chauny ne devaient pas être admis, même par prescription, à connaître des causes criminelles pour lesquelles un sujet était de corps et de biens soumis à l'autorité de son seigneur ; que la connaissance des causes criminelles était réservée au père du prince Charles ou à ceux qui le remplaçaient.

En outre, par ce même arrêt, à cause de l'abus de pouvoir par eux commis, la Cour condamna lesdits maire et jurés à l'amende et ordonna qu'aucune personne dans la ville de Chauny ne serait plus désormais juré et échevin à la fois et dans le même temps.

Ainsi le maire et les jurés sortirent un peu meurtris de ce procès ; mais ils se donnèrent la satisfaction de laisser inscrire au revers de la charte contenant leur condamnation ce résumé trompeur : Arrêt contre Béatrice de Saint-Pol, concernant la police.

Philippe d'Orléans, comte de Valois, etc., autorise les maire et jurés de Chauny à démolir les murs tombant en ruines de la porte des Cordiers, et à en employer les matériaux à la réparation des murs d'enceinte de la ville de Chauny.

3 avril 1372.

Philippe, filz de roy de France, duc d'Orliens, conte de Valois et de Beaumont, à tous ceulz qui ces lettres verront salut : Comme les maire, jurez et habitans de notre ville de Chauny-sur-Oyse nous aient fait humblement supplier qu'il ayent propos et vraye entention de fermer le circuite de ladite ville de Chauny de murs de pierre et desjà l'ayent commencé à faire et il soit ainsi qu'il n'ayent pas ne puissent recouvrer en ladite ville de pierres pour ladite ville fermer, si comme ils dïent, sans avoir notre ayde sur ce qu'il nous pleust de notre bénigne grâce à eux donner et octroyer certains murs ruyneux à nous appartenant séanz en notre dite ville mouvens de la porte des Cordiers en alent au courtil maistre Jaque

Lefort, et lesquelz murs déchéent et ruynent de jour en jour et en y a grant partie de fonduz. Savoir faisons que nouz. attendu ce que dit est, désirant ladite ville estre fermée et ycelle enfermer nos subgets pour pouvoir demourer en seurté, inclinens bénignement à leur supplication, à yceux maire, jurez et habitans avons donné et donnons de grâce espéciale par ces présentes lesdits murs ruyneux, la pierre et emploite d'yceux et tout tel dro't que nouz y povons avoir pour yceux estre mis, tournez et convertis en la closure, fortification et circuite des murs nouviaux de ladite ville de Chauny poins premiers et avant toute euvre d'iceux murs ruyneux pour refaire et recouvrer les murs de nôtre chastel dillec si aucune chose y estoit à faire pour le présent.

Et nous plaist et volons que lesdiz maire, jurez et habitans *(deest)* abattre lesaiz murs ruyneux et l'emploite d'iceux oster et faire mettre en œuvre au profit de ladite ville sa circuite d'ycelle et non *(deest)* occasion desdiz murs ruyneux prendre et démolir, nous ne nos successeurs ne aucuns de nos genz ou officiers en puissent aucunement *(deest)* des maire, jurez ne habitans, ne eulz en poursuir ne traictier adfin d'amende ne les en contraindre à en payer aucun profit pour quelque *(deest)* ne ou temps advenir.

Si donnons en mandement par ces mêmes lettres à touz nos justiciers et officiers présents et advenir ou à leur lieutenans *(deest)* d'eulz si comme à luy appartiendra que de notre présente grâce et donation sueffrent et laissent joïr et user paisiblement lesdiz maire, jurez et habitans en la manière que dit est, sanz eulx empescher ne souffrir estre empeschier au contraire, car ainsi le volonté nostre est fait et ausdiz maire et jurez l'avons octroyé et octroyons de nostre dite grace comme dit est. nonobstans quelconques ordonnances, mandemens ou défenses faites ou ad *(deest)*.

En tesmoing de ce nous avons fait mettre à ces lettres nostre seel secret en absence du grand. Donné à Chasteau-Thierry le tiers jour d'avril l'an de grâce mil trois cent soixante-douze.

Sur le pli : par M. le Duc en ses requestes. Signé E. Morel.

Sur le dos : Lettres du don de la pierre mouvans de la porte des Cordiers jusquez à l'hostel feu maistre Jacques Lefort.

Charte en parchemin.

(Le sceau manque complètement).

Philippe, comte de Valois et de Beaumont, permet aux habitants de Chauny, d'abattre la porte des Cordiers, pour en employer les matériaux à fermer ladite ville de Chauny.

16 mai 1372.

Philippe, fils de roy de France, duc d'Orliens, comte de Valois et de Beaumont, à tous ceulz qui ces présentes lettres verront, salut !

Comme pour la grant nécessité il estoit et est de fortifier nostre bonne ville de Chauny séant près des frontières du royaume, en passage de rivière, les maire, jurez et habitans de nostre dite ville tant par avis et ordenance de gens de nostre très redoubté seigneur Monsieur le Roy comme des murs ayent nagaires encommencié à fermer ycelle de murs de pierre autour de la forteresse qui n'estoit fermée que palis de ais bien tenues, lequel ouvrage si comme rapport nous a esté faict ne pourroit estre mis en seur estat, dont très grant inconvénient et dommage irréparable s'en porroit en suivre se par nous n'estoit pourveu de nostre grâce : Savoir faisons que considérant ce que dit est pour la grande affection que nous avons de la seureté de nostre dite ville en laquelle a une porte ou deux tours de pierre appellée la porte des Cordiers, laquelle ne nous vault gaires de pourfit par an et qui en manière de forteresce ne se porroit soustenir sans autre grand ouvrage et afin que ledit ouvrage se puisse mieux avancier, il nous plaist, volons, ordonnons de nostre certaine science, autorité et grace espéciale que toute la pierre estans ès murs faisans les tours de ladite porte des Cordiers soit prise, mise et convertie audit ouvrage de ladite forteresse de Chauny, à ce que nostre dite ville et nostre dit pays deyant dit demeure en greigneur, seurté, pourveu que lesdiz maire, jurez et habitans de nostre dite ville se obligent à nous rendre sur la maison d'icelle ville chascun an perpétuellement au terme de Toussains autelle somme comme nous prenions ou avions accoustumé prendre et avions chacun an pour ferme de ladite porte des Cordiers, et que de ce soient faites lettres et baillées à nostre receveur de Chauny. Sy donnons en mandement, par ces présentes, à nostre amé et féal chevalier et maistre de nostre hostel messire Pierre de Dicy, capitaine de nostre dite ville de Chauny ou à son lieutenant que veues ces présentes et appellés à ce noz bailli et receveur de Valois ou leurs lieuxtenans audit lieu ils sueffrent sanz difficulté aucune toute ladite pierre de ladite porte des Cordiers ou des tours d'icelle prendre et lever pour icelle mettre et convertir en l'ouvrage de la forteresse de nostre dite ville. En prenant par ledit receveur copie de ces présentes soubz scel authentique, collation par un de nos clercs avec lesdites lettres obligatoires, pour les mettre en son compte en la première recepte et les enregistrer en nostre domaine là où et comme il appartendra.

En tesmoing de ce nous avons faict mettre notre scel à ces présentes lettres. Donné à Crécy-en-Brie, le xvie jour de may l'an de grace mil trois cens soixante-et-douze.

Sur le pli : Par M. le Duc en ses requestes. Signé Fermeses.

> Charte en parchemin, avec sceau en cire rouge, de Philippe de Valois.

Vidimus de l'acte de donation de 4 arpens de bois faite à la ville de Chauny, par Philippe d'Orléans, comte de Valois et de Beaumont, pour réparer les fortifications de la ville.

16 juillet 1373 et 10 juin 1374.

A tous chiaus qui ches présentes lettres verront et orront. Willes-Willaumes li abbés de Chauny garde de par Mgr le

Duc d'Orliens, comte de Valois et de Biaumont, dɪ seel de la
baillie de Vermendois establi à Chauny salut. Sachent tous
que Nous l'an de grace mil trois cens soixante et quatorze le
dixime jour du mois de juing, *veismes et leusmes* unes lettres
scellées du scel dudit Monseigneur le duc d'Orliens de son seel
secret en absenche du grant, si come il appert par le inspec-
tion des dites lettres contenant le fourme qui s'ensuit : Philippe fils de roy de France duc d'Orliens comte de Valois et de
Biaumont, au maistre de nos eaues et forestes au bailliage de
Valois aulez devers de la forest de l'Aigle et à notre receveur
de Valois salut. Nous avons donné ceste fois de grace especial
à nos bien amés les maire, jurés et habitans de nostre ville
de Chauny-seur-Oise pour consideration des pertes et domages
qu'il ont eus et soustenus pour le fait des guerres et enemis
du royaume, quatre arpens de bois à prendre en ladite forest
de l'Aigle pour fortifier, garnir et remparer ladite ville. Sy
vous mandons témoingnons et à chacun de vous si que a luy
appartiendra que auxdits maire, jurés et habitants ou à leur
certain commandement vous bailliez et délivriez ou faites
baillier et délivrer les dis quatre arpens de bos en lieu moins
domageables pour nous et plus pourfitable pour euls pour
tourner et convertir au fais dessus dit et non ailleurs sans en
rien vendre, pourveu toutevoie que toy receveur devant dit
de ce preignes et reçoives caution souffisante des dessus dis
et que pour ceste cause ne leur avons autrefois et manuelle-
ment fait semblable grace. Et les rouptes qui en mesurant
ledit bos seront faites vendues pour Nous à notre pourfit. Et
nous voulons que tous maistre des forests à l'endret dessus
dis de ce fait soies et demoures deschargiés par ces présences
et nientmoins donnons en mandement à nos amés et féauls
gens des comptes que euls avertis par toy receveur que iceluy
bos soit converti au fait dessus dit, en rapportant coppie de ce
présent mandement avec lettres de recongnoissance ou récep-
tion des dis maire, jurés et habitans d'iceulx quatre arpens de
bos dont tu feras recepte et compte par devers toi, ensamble
avec les dites rouptes ils alloent en tes comptes iceulx quatre

arpens de bois, et rabatent de ta recepte sans contredit, non obstant mandemens, ordenances et deffenses quelconques à ce contraires.

Donné à Chastiaunuef-seur-l'One (l'Aulne, Finistère), soubs nostre seel secret, en absenche du grant, le xviᵉ jour de juillet l'an de grace mil CCC soissante treze. Et estoient ainsi singnées par Monseigneur le Duc en ses requestes et nous Willes (Willaumes) li abbés de Chauny par-dessus nommés.

En tesmoing de che avons mis à cest présent transcript le seel de le baillie dessus dit. Che fu fait en l'an et au dixime jour du mois de juing dessus dis.

Sur le pli : Collation est faicte.

W. DE LE FORRET.

Original en parchemin, avec sceau et contreceau bien conservés, en cire brune.

———

Réunion de la ville de Chauny au domaine de la Couronne de France.

27 mars 1378 et octobre 1411.

En donnant dernièrement l'analyse d'un arrêt de l'an 1357 à 1359, dans lequel le parlement de Paris détermine la juridiction du mayeur et des jurés de la ville de Chauny, nous avons énoncé que cette ville avait été donnée en apanage à Philippe de France, en l'année 1353, par son frère aîné Jean II, roi de France ; qu'elle avait fait retour au domaine de la Couronne en l'année 1366 ; puis que cette même ville était passée, par voie d'échange, aux mains de Béatrice de Saint-Pol, dame de Nesle, qui, en retour, avait cédé les châteaux de Crévecœur et d'Arleux.

Nous avons rapporté aussi les doléances adressées au roi Charles V par les mayeur et jurés de Chauny qui demandaient que leur ville rentrât dans le domaine royal. » Inclinant bénignement » à une telle supplique, le roi Charles V donna des lettres patentes en date à Noyon, du 27 mars 1378, par lesquelles il prononça la réunion à la Couronne de France de la ville et châtellenie de Chauny, des pays de Faillouël et de Condren, et de tout ce qui en dépendait.

Si la joie qu'eut Chauny d'avoir sa réunion à la couronne de France solennellement confirmée fut grande, dit le P. Labbé, de Blois, cette joie ne fut pas aussi durable qu'on devait l'espérer.

En effet, Chauny fut de nouveau détaché du domaine royal. C'est ce que nous apprend une charte du mois d'octobre 1411, émanée du roi Charles VI à qui les habitants de Chauny adressèrent de nouvelles doléances sur ce même sujet de séparation. Cette charte écrite en latin reproduit entièrement le texte de celle du 27 mars 1378 et ordonne de nouveau la réunion de Chauny, de Faillouël et de Condren à la Couronne de France.

C'est pourquoi il nous a semblé utile de donner ici la traduction de toute la charte de l'an 1411, parce qu'en même temps nous avons le contenu des lettres patentes du 27 mars 1378.

Octobre 14'1.

« Charles VI, par la grâce de Dieu, roi des Francs : Savoir
« faisons à tous présents et à venir que feu notre seigneur et
« père Charles, de bonne mémoire, mu par divers motifs et
« considérations fort justes, et d'après l'avis de son Conseil,
« a retenu et annexé au domaine de la Couronne de France,
« à perpétuité, pour lui et ses successeurs, la ville et châtel-
« lenie de Chauny-sur-Oise avec les pays de Faillouël et de
« Condren, et autres dépendances avec tous leurs droits pro-
« venant de la même châtellenie. quelles que fussent les
« causes d'aliénation : partage, apanage, dotation, provision,
« traité de paix ou échange, à l'occasion de mariage ou pour
« toute autre cause. Cette réunion résulte d'une charte ou de
« lettres de notre Seigneur et père, en date du mois de
« mars 1378 et dont la teneur suit :

« Charles V, par la grâce de Dieu, roi des Francs :

« La dignité royale brille de la pureté des lys, et un concert de louanges relève l'éclat de sa majesté, quand répondant généreusement aux justes désirs de ses sujets, sa prévoyante autorité favorise les avantages de la chose publique et que, reprenant possession des droits dispersés de sa Couronne, elle les rétablit d'une manière stable, pour rehausser l'honneur de son sceptre. Afin de garder la mémoire de cette action, nous faisons savoir à tous présents et à venir qu'une doléance sérieuse de la part du mayeur, des jurés et des habitants de Chauny-sur-Oise nous a démontré que la ville et châtellenie dudit Chauny, ainsi que les localités de Faillouël, de Condren et autres dépendances de cette châtellenie avaient appartenu jadis à notre propre domaine et à celui de la Couronne de France. Néanmoins, ces mêmes localités et châtellenie, et quelques-unes de leurs dépendances depuis longtemps déjà en ont été distraites par quelqu'un ou quelques-uns de nos prédécesseurs, en faveur de Béatrice de Saint-Pol, autrefois dame de Nesle, et depuis au profit de notre oncle paternel, le duc d'Orléans, décédé récemment.

En dernier lieu, ces mêmes localités et châtellenie avec leurs dépendances, par suite du décès de notre père susnommé, nous sont échues par droit héréditaire, et nous les avons assignées comme douaire ou apanage à notre chère tante, duchesse d'Orléans, veuve de notre oncle. Il en résulte que la ville de Chauny qui est notablement fortifiée et populeuse, qui est la clef de notre pays circonvoisin, située sur la rive de l'Oise près des frontières de notre royaume et à l'endroit où se font les transports de marchandises sur la même rivière, ayant un corps de ville et une commune fondés par les rois nos prédécesseurs, dans laquelle ville notre bailli de Vermandois et ses prédécesseurs tiennent leurs assises comme à l'un de leurs sièges principaux; dans laquelle, pour les causes sus-énoncées et à certaine époque a lieu une foire à laquelle les habitants de la localité et des pays voisins ont accoutumé de se rendre; pour ce motif ces localités et châtellenie relèvent de notre autorité et sont tenues en fief par des chevaliers et autres personnes nobles, ainsi que plusieurs autres fiefs notables ; les châteaux de cette châtellenie et autres forteresses de grande valeur sont diminuées d'importance et dépeuplées de leurs habitants accoutumés, à cause des aliénations que nous venons de rappeler, ce qui constitue un grand préjudice et détriment à notre patrie et à la chose publique ;

Pour remédier à ces maux, les suppliants s'adressent à nous qui, dernièrement, nous trouvant dans notre pays de Vermandois, traversions cette ville (de Chauny) célèbre par sa situation ; nous l'avons trouvée riche de ses monuments, de l'abondance de ses moissons, de ses vignes, de ses prairies, de ses forêts, déjà dotée de nos bienfaits.

Considérant de quel avantage serait pour notre Couronne et la chose publique de notre royaume, la réunion de cette châtellenie à notre domaine et, par contre, quels inconvénients résulteraient pour nous et notre domaine royal si cette séparation se prolongeait ;

Considérant en outre l'amour véritable, la fidélité et l'obéissance que nous témoignent ces mêmes mayeur, jurés et habitants, ce dont ils ont toujours fait preuve envers nos prédécesseurs ;

Etant suffisamment éclairé sur tout ce qui précède et après avoir pris l'avis de notre grand Conseil sur la demande de ces mêmes suppliants ; de notre certaine science, de notre grâce spéciale, de notre pleine autorité et de celle de notre pouvoir royal, nous avons, par ces présentes lettres, placé, pour y demeurer à perpétuité, dans notre propre domaine et celui de notre Couronne de France, nous avons retenu, adjoint, annexé et uni, nous plaçons, retenons, adjoignons, annexons et unissons la susdite ville et châtellenie de Chauny-sur Oise, et avec elle les villes de Faillouël, de Condren et autres appartenances avec tous les droits qui en dépendent.

Nous annullons et révoquons toutes divisions, séparations qui pourraient avoir été faites de ces châtellenie et dépendances, sauf toutefois la donation ou apanage qui pourrait en avoir été consenti en faveur de notre tante la duchesse d'Orléans, lequel apanage lui sera continué sa vie durant.

En conséquence, à nos chers et fidèles conseillers du Parlement et des Comptes, au trésorier de Paris et à notre bailli de Vermandois, à nos autres justiciers et officiers, chacun en ce qui le concerne, nous mandons d'exécuter et de faire exécuter ces présentes lettres et de protéger les mayeur, jurés et habitants de Chauny, et leurs successeurs que nous plaçons sous notre protection spéciale et notre sauve-garde, et celles de nos successeurs au sujet de l'exécution des présentes lettres.

Et pour que personne, à l'avenir, ne puisse prétendre ignorer leur contenu, nous avons ordonné qu'elles seraient lues et publiées dans les endroits ordinaires et principaux où l'on a coutume de ce faire, nonobstant toutes oppositions ou lettres à ce contraire déjà délivrées ou qui le seraient à l'avenir. Afin de leur assurer toute authenticité, nous y avons fait apposer notre sceau, sauf notre droit et celui d'autrui en toutes choses.

Donné à Noyon le 27 mars de l'an du Seigneur 1378 et de notre règne le quinzième.

Malgré ces lettres, ne connaissant pas ce qu'avait ordonné et concédé notre défunt Seigneur dans la charte ci-dessus transcrite ou n'ayant pas réfléchi à la demande faite par feu notre frère Louis, autrefois duc d'Orléans comte de Valois et de Beaumont, nous lui avions assigné comme supplément d'apanage, les villes et châtellenie sus-énoncées avec leurs dépendances et de plus certaines terres que notre défunte tante, duchesse d'Orléans, avait possédées viagèrement. Par inadvertance, nous avions fait cette cession contrairement à la réunion ordonnée par notre Seigneur et maître, au grand préjudice de notre pays et de la chose publique. C'est pourquoi, étant suffisamment instruit de la teneur de la charte sus-relatée et diverses circonstances, et raisons venues depuis à notre connaissance, nous ayant favorablement disposé à ce qui suit :

Considérant aussi l'affection, la fidélité et l'obéissance de nos amés les mayeur, jurés et habitants de Chauny, envers nous et nos prédécesseurs, et la Couronne de France, après avoir pris l'avis mûrement réfléchi de notre conseil supérieur dont faisait partie notre cher fils aîné Louis, duc d'Aquitaine, Dauphin Viennois, nous avons pour agréables, nous ratifions et approuvons les lettres ci-dessus transcrites, la réunion et l'adjonction précitées, et toutes les clauses contenues en ces mêmes lettres et de notre certaine science, de notre grâce spéciale, de notre autorité royale et de nos pleins pouvoirs, nous annexons à notre propre et immédiat domaine, et à notre Couronne de France, à perpétuité et en la forme ordonnée par notre défunt seigneur, la ville et châtellenie de Chauny-sur-Oise, avec ses dépendances, droits et prérogatives quelconques, nonobstant toutes distractions et séparations qui pourraient en avoir été faites par nous ou feu notre père.

En conséquence, à nos chers et fidèles sujets : membres du Parlement, de notre Chambre des Comptes, nos commissaires sur le fait de nos finances, de nos domaines et des subsides organisés pour la guerre, nos trésoriers de Paris et notre bailli de Vermandois, nos autres justiciers et officiers ou leurs lieutenants, présents et à venir et à chacun d'eux, comme il lui appartiendra par le contenu en ces présentes, nous ordonnons par ces mêmes présentes lettres, qu'ils les fassent exécuter diligemment ; qu'ils prennent sous notre sauve-garde et notre singulière protection, les mayeur, jurés et habitants de Chauny et leurs successeurs ; qu'ils ne les molestent point ni souffrent qu'ils soient molestés ; qu'il ne leur soit porté aucun préjudice ni maintenant, ni à l'avenir, à l'avenir ni maintenant.

Et pour que personne ne se puisse prévaloir d'ignorance de la présente disposition nous voulons et enjoignons qu'elle soit lue et publiée dans les lieux principaux et accoutumés et autres où besoin sera, nonnobstant toutes défenses et inhibitions à ce contraires qui pourraient être délivrées.

Afin qu'elles aient à l'avenir toute leur force et vertu, nous avons ordonné que ces présentes lettres soient munies de notre sceau, sauf notre droit et celui d'autrui.

Fait et donné à Paris, en notre château du Louvre, au mois d'octobre 1411, de notre règne le trente-deuxième.

> Charte sur parchemin, avec débris de sceau
> en cire verte, avec lacs de soie verte et rouge.

Le texte de cette charte se trouve aussi dans le recueil des ordonnances des roys de la troisième race, t. IX, p. 648.

———

Charles VI, roy de France, prononce la réunion au domaine de la couronne, de la ville et chatellenie de Chauny et des pays de Faillouël, de Condren et de leurs dépendances.

Cette réunion avait été prononcée déjà par le roy Charles V, en l'année 1378, suivant une charte ci-après reproduite.

Octobre 1411.

Karolus Dei gratia Francorum rex : Notum facimus universis presentibus pariter et futuris quod licet bone memorie defunctus dominus et progenitor noster rex Karolus, pluribus justis motus considerationibus atque causis, prehabita sui magni deliberatione consilii Villam et castellaniam de Calniaco super Isaram cum villis de Foillouello et de Condren aliisque dicte Castellanie pertinentiis, appenditiis et Juribus universis, suo ac corone Francie proprio et immediato domanio perpetuo remansuras posuisset, retinuisset, adjunxisset et univisset ipsas sibi et successoribus suis Francorum regibus et ad proprium et immediatum domanium regium ac coronam Francie inseparabiliter retinendo, absque eo quod prefate ville et Castellania de Calniaco vel ejusdem pertinencie in toto vel in parte extra manus dicti domini nostri aut successorum suorum regum et a corona Francie per partagium, appanagium, dotalicium, provisionem, tractatum pacis aut excambium racione matrimonii vel alia quavis causa ad tempus vitam vel

hereditatem aut alio quocumque titulo transportari seu alienari possent quomodolibet vel transferri et prout lacius et
diffusius in locis dicti Domini et progenitoris nostri super hoc
concessis continetur, quarum tenor talis est : Karolus Dei gratia Francorum rex : Sereni liliorum culminis regia sublima-
tur dignitas et claris laudum preconiis ejus majestas attollitur,
cum justis petentium votis liberaliter annuens et rei publice
commoditatibus provida subvenit potencia et que ab ejus corone dispersa sunt domanio jura revocans, ipsa imperiose
stabilit in'decoris exaltatione sui sceptri, ad hujusmodi igitur
futuram rei memoriam, Notum facimus universis, presentibus
et futuris, proparte maioris Juratorum ac habitancium ville de
Calniaco super Isaram gravi nobis conquestu monstratum ex-
titisse quod cum villa et castellania de Calniaco predicto una
cum villis de Foillouello et de Condren, aliisque pertinenciis
ejusdem castellanie, in et de proprio nostro domanio et corone Francie fuerint ab antiquo, Nichilominus tamen ipse
villa et castellania cum aliquibus dictarum pertinenciarum du-
dùm per aliquem seu aliquos predecessorum nostrorum Bea-
trici de Sancto Paulo domine quondam de Nigella et postmo-
dum patruo nostro Duci Aurelianenci ultimo vita functo tradite
alieque pertinencie pro sui residuo quibusdam castellaniis
conviciniis adjuncte fuerint et existunt, et demum prefatis villa
et Castellania cum omnibus eisdem pertinenciis, per obitum
dicti patrui nostri ad nos tanquam propinquiorem ejus here-
dem jure hereditario, racione corone nostre, aut aliter plena-
rie et integre devenientibus ipsas in provisione seu dotalicio
carissime amitte nostre ducisse Aurelianense ejusdem patrui
nostri relicte vita sibi comite tradidimus et assignavimus, pre-
fatas villam et Castellaniam cum suis quibus suprà pertinenciis sic et per hujus modi traditiones seu dona a nobis et extra
manus regias transferendo, undè et per quod ipsa villa que
notabilis et fortis et populosa tocius patrie circunvicine clavis
sita supra dictam Isare rippariam prope fines regni nostri
secus et juxtà principium seu ubi incipiunt navigia mercatura-
rum per eandem rippariam transeuntium, habens etiam ab an-

liquo corpus et communiam a predecessoribus nostris funda-
tum in qua et Baillivus noster Viromandie vel sui predecessores suas assisias et unam de suis sedibus notabilioribus con-
sueverunt tenere, ad quam ob premissa et propter nundinas
que certis ibidem tenentur temporibus, populus tam circunvi-
cinus quam remotus affluere solitus est, et ad cujus causam
Castellanie movent et a nobis tenentur in feodum per milites
aliosque nobiles patrie quam plura notabilia feoda, castra castellanie atque fortalicia magni valoris propter hujusmodi alie-
naciones diminuta et ab habitancium solita multitudine va-
cuata non modicum existit in nostri totiusque patrie ac reipublice grande prejudicium detrimentum et scissuram :

Supplicancium humiliter ut ad premissa mentis nostre di-
rigentes aciem provisionis nostre remedium super hiis impen-
dere curaremus ;

Nos igitur qui in patriâ nostrâ Viromandie nuper agentes et
per eandem villam facientes transitum ipsam situ celebrem
decoram edificiis segetum que vinearum, herbarum ac nemo-
rum circunquaque copiis una cum jam dictis graciarum titulis
oppulentam conspeximus ;

Considerantes exinde quantum commodi nobis, corone et
reipublice regni nostri, si dictas villam et castellaniam domanio nostro unirierimus provenire habeat et è contrà quid in-
commodi si à nobis regibusque successoribus nostris ac domanio predictis transferrantur amplius ; pensantes insuper verum
amorem fidelitatemque et obedienciam quos iidem maior, jurati et habitantes ad nos nostrosque predecessores et coronam
hactenùs habuere de premissis omnibus instructi sufficienter,
et ad ipsorum supplicationem prefatam magni nostri prehabita
deliberatione consilii super istas prenominatas villam et
castellaniam de Calniaco super Isaram cum eisdem villis de
Foillouello et de Condren aliisque prefate castellanie pertinenciis appendiciis et juribus universis, ex nostris certà scienciâ,
speciali graciâ, auctoritate que ac nostre regie potestatis
plenitudine, nostro ac Francie corone proprio et immediato
domanio perpetuo remansuras posuimus, retinuimus, ad-

junximus, annexavimus et univimus, ponimusque, retinemus, adjungimus, annexamus et unimus tenore presencium ipsas nobis successoribus que nostris regibus et ad proprium, et immediatum domanium regium et coronam Francie et post ipsius amitte nostre decessum immediate et inseparabiliter retinentes. Ea autemque de dictis castellaniâ et pertinenciis alteri castellanie vel castellaniis aut cuicumque ressorto seu dominio retrolapsis temporibus tradita fuerunt, quoquomodo vel adjuncta ad sepedictam de Calniaco castellaniam ejusque ressorto per eandem nostram adjunctionem seu unionem reducimus, divisionesque ac separationes, si que facte sunt, vel fuerunt exinde penitus et omnino revocamus et adnullamus, abesque eo quod prefate villa et castellania de Calniaco vel ejusdem castellanie quevis pertinenciarum predictarum in toto vel in parte amodo extra manus nostras aut successorum nostrorum regum et a corona Francie, per partagium, appanagium, dotalitium, provisionem, tractatum pacis aut excambium, racione matrimonii vel alia quavis causa, ad tempus, vitam vel hereditatem aut alio quocumque titulo transportari seu alienari possit ve valeat quomodolibet nec transferri, et absque eo quod nobis propter hoc aliquam financiem teneantur solvere, salvo tamen dotalicio seu provisione per nos ut premittitur facta dicte amitte nostre Ducisse duntaxat quandiu vitam duxerit in humanis. Hinc et quod dilectis et fidelibus gentibus parlamenti et compotorum nostrorum consiliariis que super eodem domanio et thesaurariis Parisius Baillivoque Viromandensi predicto, nec non ceteris justiciariis et officiariis nostris aut eorum locatenentibus presentibus pariter et futuris et eorum cuilibet prout ad eum pertinuerit tenore presencium precipiendo mandamus quatenus presentes litteras omnia que et singula in eisdem contenta dum et quociens opus fuerit exequantur seu exequi faciant, ipsosque maiorem, juratos et habitantes quos et eorum successores in nostra ac successorum nostrorum speciali protectione et salva gardia perpetim suscipimus contra tenorem istarum nullatenus molestent seu molestari a quocumque permittant irritum decernentes et inane ex nunc prout ex tunc prout ex nunc et ex tunc quidquid contra hec et in eorum prejudicium contigerit attemptari.

Quorum ne quis ignoranciam pretendere valeat futuris temporibus presentes easdem indè confectas legi et publicari in locis insignibus et solitis et alibi ut expedire videbitur volumus et jubemus, ordinacionibus, mandatis, inhibitionibus et litteris impetratis vel impetrandis in contrarium non obstantibus quibuscumque.

Quod ut perpetuè robur habeat firmitatis nostrum presentibus jussimus apponi sigillum, salvo in aliis jure nostro et in omnibus quolibet alieno.

Datum Noviomi XXVIIᵃ die mensis Marcii, anno Domini millesimo trecentesimo septuagesimo octavo et quinto decimo regni Nostri.

Hiis tamen non obstantibus nos premissa per dictum defunctum Dominum nostrum ut in preinsertis suis litteris canetur firmiter ordinata et concessa ignorantes seu non advertentes ad petitionem defuncti germani nostri Ludovici quondam Ducis Aurelianensis et Comitis Valesii ac Bellimontis, eidem dictas villam et castellaniam cum suis pertinanciis in sui apanagii augmentum, vel aliud cum quibusdam aliis terris quas dicta defuncta amita nostra Ducissa Aurelianensis vita sibi comite tenuerat assignaveramus ac in eum transportaveramus contra dictam unionem et ordinationem prefati Domini nostri inadvertanter veniendo, cujus assignationis virtute dictus defunctus germanus noster et nonnulli sui successores dictas villam castellaniam huc usque possiderunt et tenuerunt in nostri totiusque patrie et rei publice grande prejudicium et laudabilis dicti defuncti Domini et genitoris nostri voluntatis et unionis fractionem et scissuram, Nos igitur de litteris preinsertis et earum continencia ac aliis premissis nonnullisque causis et occasionibus quæ noviter obvenerunt sufficienter instructi et ea propter ad sequentia rationabiliter inclinati, considerantes eciam verùm amorem fidelitatem que et obedienciam quos dilecti nostri maior, jurati et habitantes de Calniaco ad nos nostrosque predecessores et

19.

coronam Francie hactenùs habuerunt, maturâ et diligenti prehabitâ super istis deliberatione nostri magni consilii, in quo erat carissimus primogenitus noster Ludovicus Dux Acquitanie Delphinus Viennensis, litteras preinsertas unionemque et adjunctionem suprâ dictas, ac omnia et singula in eisdem litteris contenta et specificata, ratas habentes et gratas, rataque et grata eas et ea volumus, laudamus, approbamus, et tenore presentium ex nostris certâ scienciâ speciali graciâ auctoritateque ac nostre regie potestatis plenitudine confirmamus prenominatas villam et castellaniam de Calniaco super Isaram, cùm villis et pertinenciis ac juribus et prerogativis suis quibuscumque nostro ac corone Francie proprio et immediato domanio perpetuo modo et forma per dictum defunctum dominum nostrum ordinatis, ut prefertur, adjungentes et unientes ac ipsas nobis et successoribus nostris regibus et ad proprium et immediatum domanium regium et coronam Francie a modo inseparabiliter retinentes quâcumque donacione, aut separatione de ipsis dicto defuncto germano nostro vel aliter per nos factâ nonobstante : Quapropter dilectis et fidelibus nostris gentibus Parlamenti nostri et camere compotorum nostrorum ac commissariis super regimine financiarum nostrorum, domanii et subsidiorum nostrorum pro guerrâ ordinatorum, thesaurariisque nostris Parisiis nec non Baillivo Viromandensi et ceteris justiciariis et officiariis nostris aut eorum locatenentibus presentibus pariter et posteris et eorum cuilibet prout ad eum pertinuerit tenore presencium precipiendo mandamus quatenùs presentes litteras omniaque et singula in eis contenta, dum et quociens opus fuerit exequantur seu exequi faciant diligenter, ipsos que Maiorem, juratos et habitantes quos et quorum successores in nostra ac successorum nostrorum speciali protectione et salvagardia perpetim suscipimus contra tenorem istarum nullatenus molestent seu à quocumque molestari permittant, decernentes exnunc prout extunc et extunc prout exnunc irritum et inane quidquid contra hec et in eorum prejudicium contigerit attemptari. Quorum ne quis ignoranciam pretendere valeat futuris temporibus, presentes legi et publicari in locis insignibus et solitis, ac alibi ut expedire videbitur, volumus et jubemus ordinationibus mandatis inhibitionibus et litteris impetratis vel impetrandis in contrarium non obstantibus quibuscumque.

Quod ut perpetue robur habeat firmitatis presentes litteras nostri fecimus sigilli appensione communiri, salvo in aliis jure nostro et in omnibus quolibet alieno.

Datum et actum Parisius in castro nostro de Lupara, mense octobris anno Domini millesimo quadringentesimo undecimo et regni nostri Tricesimo secundo.

Sur le pli :

1° Per regem ad relationem sui consilii magni, tenti per Dominum Ducem Acquitanie, in quo comites Moritonii et Marchie, vos Episcopi Ambianensis et Tornacensis, Cancellarius Acquitanie, magnus magister hospicii, Domini de Offemonte de Florenfaco, de Blarru et alii quamplures erant.

Signé Milet.

2° Registrata in camera compotorum Parisius in libro memoriale fol. VIII^{xx}X et expedita ibid. de ordinacione ducis die XIX^a novembris M°C.C.C.C°XI°.

Signé Mangellon.

3ª Collatio facta est in Duplata.

Signé, Illisiblement.

4° Contentor, Signé Fréron.

Sur le verso se trouvent les mentions suivantes :

1° Registrata est presens Carta in Palatio in libro ordinationum.

2° Sigillata in camera compotorum Domini Regis parisii publicata et ibidem libro memoriali ejusdem sigillo consilii et fol. viii^{xx} regia, Anno et Die supra dictis.

Signé Lebegue.

3° Consiliis Carta duplicata per originale et collationata tradita fuit thesauro Cartarum et privilegiorum, registrata cum aliis ibidem reponenda : per me Lebègue.

4° Publicata in curiâ xvi° die mensi novembri anno Domini mil° cccc.xi° .   Signé BARE.

5° Ces présentes furent publiées en jugement en la court du Roy notre Sire à Laon, pardevant nous Jehan Seigneur de Bains de Houssoy et de Boulongne le grasse en Chambellain du Roy, nostre sire et son Bailli de Vermandois, le sabmedi xxviii° jour de novembre l'an mil 1111ᶜ et onze (1411).   Signé CLORET.

6° Lettres comment le Roy réunit la ville de Chauny à la Couronne.

Lettres de grâce octroyées par le roy Charles VII, aux habitants de Chauny, pour le fait d'hostilités contre le roy et notamment la démolition du Château-Fort de Chauny, en l'année 1431.
Cette grâce est la suite du traité de paix signé à Arras, le 22 septembre 1435.

3 Octobre 1435.

Charles par la grâce de Dieu roy de France, savoir faisons à tous présents et à venir que comme par le traictié de paix et accord, réconciliation et réunion naguères faiz de nostre très cher et très amé frère et cousin Philippe, duc de Bourgogne, pour lui, ses vassaulx, subgiez, serviteurs et adhérens, avec nous, nous avons octroïé à tous noz subgiez quelzconques qui, durant les divisions et partialitez de nostre royaume et à l'occasion d'icelles et de la guerre, se sont divertiz de nostre obéissance et lesquelz ou dict traictié de paix vouldront estre comprins, absolution générale de toutes offenses, désobéissances, crimes, délitz, meffaiz, mesprentures (1) et de tous autres cas, faiz, commis et perpétrez par eulx en commun ou en particulier, le temps passé, à l'occasion des dictes divisions et guerres envers nous et nostre couronne et majesté royale ou contre aucuns de noz subgiez ou autrement, en quelque

---

(1) De méprendre.

manière que ce soit, et soit aussi que noz bien amez les gens d'église, maire, jurez, bourgois, manans et habitans de la ville de Chauny-sur-Oise qui, à l'occasion susdite, se sont divertiz de nostre dicte obéissance et ont tenu autre parti que le nostre, vuelent estre comprins ès dicz traictié et paix, en nous reconnaissant leur roy et souverain seigneur, comme se doivent et demourer noz bons, vraiz et loyaulx subgiez, ainsi que ilz nous ont fait exposer, en nous humblement requérant qu'en iceulx traictié et paix ils soient comprins et leur vouloir quictier, pardonner et abolir toutes les offenses, désobéissances, injures, faultes, crimez, délitz; la prinse et démolition du chastel de la dicte ville et tous autres cas par eulx commis et perpétrez à l'occasion des dites guerres et divisions contre nostre couronne et majesté royal et contre noz subgiez, soit qu'ilz se soient mis et tenuz en l'obéissance des Anglois, anciens ennemiz et adversaires de Nous et de nostre royaume, et aient tenu autre parti que le nostre, de leur voulenté, par vindiction, ou séduction, par force ou autrement, comment que fait ait esté ou pour avoir recepté, aidié, favorisé, soustenu et servi les diz Anglois et leurs adhérens et avoir esté de leur parti ou que les aucuns d'eulx se soient armez avec iceulx Angloiz et leurs adhérens ou autres du parti à Nous contraire et fait et porté guerre et autrement fait et procuré griefz, hostillitez et dommages à Nous, noz païs, subgiez et gens de nostre parti et se soient tenuz et portez et aient fait contre Nous, nos diz païs et subgiez comme ennemis et rebelles et en quelque autre voie ou manière que ce soit, et les remettre et restituer en leurs honneurs, prérogatives, franchises, auctoritez et |privilleiges, libertez, seigneuries, bénéfices, héritages et biens immeubles et les recevoir en nostre bonne grâce et sur ce octroyer noz lectres.

Pour ce est-il que Nous, considéré les diz traictié et paix et ladite abolition générale par Nous aussi octroyée comme dessus est dit, aians regart à la bonne voulenté des dites gens d'église, maire, jurez, bourgois, manans et habitans de ladite ville de Chauny et à la bonne obéissance qu'ils nous font et

veulent faire, voulans et désirans atraire et réunir à Nous nos
subgiez et iceulx traictier bénignement et avoir en nos bonnes
grâces et que au dit traictié et en ladite abolition générale ilz
soient compris et en joïssent. A iceulx en commun et en particulier et du plat païs d'environ qui se vouldront réduire et
remettre en notre dite obéissance, par l'advis de noz très-chiers
et très-amez cousins Charles, duc de Bourbon, Artus de Bre-
taigne, conte de Richemont, nostre connestable, Loys conte
de Vendosme, grand-maistre de notre hostel, et de noz amez
et féaulx Regnault (1), archevesque de Reims, notre chancellier, Christofle de Havricourt, nos cousins et amis, noz ambas-
sadeurs et procureurs par Nous envoïés à Arras, pour ledit
traictié de paix, de notre certaine science, grâce espécial,
plaine puissance et autorité royal, avons quictié, pardonné et
aboly, quictons, pardonnons et abolissons par ces présentes et
à chacun d'eulx, toutes les dictes offenses, subversion et déso-
béissance, crimez, délictz, faultes et mesprentures et la *dite
prinse* et *démolition* du *dit chastel* de la dite ville et tous autres
cas quelzconques que ils ont fait et commis tant en commun
que en particulier et en quoy l'on pourroit dire eulx ou aucun
d'eulx avoir offensé et délinqué envers feu nostre très-chier
Seigneur espère que Dieux absoille. Nous et notre justice, notre
majesté et couronne, aux causes dessus-dites ou à l'occasion
et ès-deppendances d'icelles, tant en matière de guerre que autrement, en quelque manière que ce soit, toutes lesquelles
choses etautres qui se seront ensuivies avons adnullé et aboly,
adnullons et abolissons par ces dictes lettres et voulons que les
dites gens d'église, maire, jurez, bourgois, manans et habitans
et chacun d'eulx et du plat païs d'environ qui, envers Nous se
réduiront comme dit est, joïssent — ce nonobstant et que en
ces mesmes lettres les diz délitz, offenses et autres cas ne
soient autrement spécifiez et déclairez, — des honneurs, pri-
villéges, franchises, libertez et prérogatives dont, paravant
ces choses, avoient droit et acoustume de joïr et que ilz

---

(1) Renaud de Chartres.

retourrent à leurs héritaiges et biens immeubles, et les dittes
gens d'église à leurs bénéfices et héritaiges aussi. nonobstant
quelzconques dons que en pourrions avoir fait et les exploiz
qui s'en sont ensuiz, lesquelz Nous avons admillé et mettons
au néant, par ces dittes présentes. Voulons que aus dittes gens
d'église, mairé, jurez, bourgois, manans et habitans ou à leurs
successeurs, pour cause ou occasion des choses devant dittes,
aucune chose soit reprouchée ou imputée contre leur honneur
ne contr'eulx, autrement poursuivre ou temps à venir, pourveu
que ilz feront serment en la main de nostre bailly de Vermandois ou de son lieutenant ou d'autre à ce commis, d'être dores
enavant bons et loyaux envers Nous, nostre Majesté et couronne. Et surtout imposons silence à notre procureur et à tous
noz justiciers et officiers.

Si donnons en mandement à noz amez et feaulx les gens de
nostre Parlement et de nos comptes, au dit bailly de Vermandois et à tous noz justiciers et officiers ou à leurs lieuxtenans,
présens et à venir et à chacun d'eulx si comme à lui appartiendra, que de ladite abolition générale et de noz présente grâce,
quictance, pardon et abolition facent, souffrent et laissent les
dittes gens d'église, maire, jurez, bourgois et habitans de la
ditte ville de Chauny et du dit plat païs d'environ, qui demou-
rent en et soubz notre ditte obéissance et à chacun d'eulx, joir
et user, plainement et paisiblement, sans les proturber, molester
ou empescher ne souffrir estre proturbez, molestez, travaillez
ou empeschez ores ne pour le temps à venir. Et afin que ce soit
chose ferme et estable à tousjours, Nous avons fait mettre
nostre scel à ces présentes. Au vidimus des quelles fait soubz
l'un de noz seaulz ou autre authentique de nostre ditte obéissance, nous voulons plaine foy estre adjoustée comme à l'original et que d'icellui vidimus un chacun à qui ce pourra
toucher, se puisse aidier comme du dit original. Donné à
Arras, le troisième jour d'octobre, l'an de grâce mil quatre
cens trente cinq et de nostre règne le treiziesme.

Sur le pli : Par le roy à la relation de son grand conseil
estans à Arras, ou quel Monseigneur le duc de Bourbon ; vous

le Mareschal de la Fayette, maistre Adam de Gambray ; premier président du Parlement, sieur Jean de Paris, et autres estiez.

Signé : CHASTENIER.

Au dos est écrit : Aujourd'hui 24ᵉ jour d'avril l'an mil иijᶜxxxvi, par l'ordonnance de Monseigneur le Doïen de Paris, conseillier et maistre des requestes de l'ostel du Roy, mondit sieur Henry David, lieutenant général du bailli de Vermandois et autres officiers du Roy, estans à présent à Chauny, le contenu au blanc fut publié en le hale au dit Chauny, qui la dite paix ont jurée et promis tenir et garder, sans enfraindre et d'estre doresenavant bons et loyaulx envers le Roy nostre dit seigneur, moy présent, (signé) CLERC, sécrétaire du Roy.

La prise et démolition du château de Chauny dont il est fait mention dans la charte ci-dessus transcrite ont été relatées par le P. L'abbé, prieur de Saint-Martin de Chauny, dans son histoire manuscrite de cette ville à laquelle nous avons déjà emprunté plusieurs citations. Mais comme le P. L'abbé déclare que son récit lui a été fourni par l'auteur de l'*Augusta Veromanduorum*, Emeré qui, de son côté, a résumé ce qu'en a rapporté Monstrelet dans le deuxième volume de ses chroniques, nous transcrirons en entier la relation qu'a donnée Monstrelet de ce coup de main d'audacieuse énergie.

En ce même temps, dit ce chroniqueur, M. Collart de Mailly qui lors était bailly de Vermandois, de par le roi Henry d'Angleterre et avec lui messire Ferry de Mailly, tous deux demeurans au châtel de Chauny sur Oise, appartenant héritablement à Charles, duc d'Orléans qui, alors était prisonnier en Angleterre, pour aucunes paroles non amicales qui avaient été dites par le dit messire Ferry, à l'encontre des habitants de la ville, iceux habitans doubtant que par la porte-derrière, le dit châtel d'eux des susdits ne missent garnison d'Anglais ou d'aultres gens de guerre dedans leur ville plus fort que ne leur plairoit, parquoi ils fussent contraincts et mis en subjection, conclurent tout secrètement ensemble aucuns des dits habitans, des quels furent les principaux : Jehan de Longueval, Mathieu son frère ; Pierre Piat, les quels firent serment l'un à l'autre de, à certain jour, quand les dessus dits messire Collard et messire Ferry de Mailly seroient en la ville, de prendre icelle forteresse et de la démolir. Après lesquels conclusions et serments par eux faits, ung certain jour mirent secrètement aucuns compaignons adventuriers, en petit nombre, emprès la porte dudit chastel, tous instruits et advisez de ce qu'ils avoient à faire.

Les quels quand ils virent les deux chevaliers et aucuns de leurs gens issus dudit chastel, ainsi qu'ils avoient accoustumé, pour aller jouer en la ville, saillirent hors du lieu où ils étoient et entrèrent dedans ce chastel, parce qu'on ne se gardoit point d'eux ; si levèrent tantôt le pont contre la ville et se mirent dedans.

La qnelle prinse venue à la connaissance des dits frères (de Mailly) leur fut très-déplaisant ; mais ils n'en purent avoir autre chose, car tout incontinent ceux qui estoient du serment des sus dits firent sonner la cloche du commun et si assemblèrent en très-grand nombre, armés et embâtonnés et s'en allèrent devant icelui fort qui tantôt leur fut ouvert, et adonc aucuns des plus notables de la ville allèrent devant les sus dits chevaliers auxquels ils dirent qu'ils ne fussent en aucuns doubtes de leurs personnes et aussi de leur chevance et qu'on ne leur meffroit rien ; disant que ce qui se faisoit étoit pour le bien et seureté de la ville. Les quels non puissans de à ce rémédier, respondirent que puisque aultrement ne pouvoit être, qu'ils fissent ce que bon leur sembleroit et adonc tout troublés devoir les manières dessus dictes, se retrahirent en ung hostel en la ville et avecques eux tous leurs familiers. Si leur furent délivrés tous leurs biens.

Et brief en suivant, tous les habitans, d'un commung accord, commencèrent à désoler et abattre ladite forteresse et tout en ce continuèrent et par plusieurs jours qu'elle fut du tout rasée et démolie de fond en comble, et aucuns briefs jours en suivant, le sus dit bailly du Vermandois et son frère et tous leurs gens se départirent de la dite ville de Chauny, auquel lieu des quels Jehan de Luxembourg, Messire Hector de Flavy, et, depuis, Valleran de Moreul, lesquels pour l'entreprise dessus dite les trouvèrent plus vigoureux et désobéissans qu'ils n'avoient coustume, devant la désolation du chastel.

En terminant ce chapitre, nous croyons pouvoir exprimer notre étonnement de ce que ce fait très-grave de la prise et démolition du château de Chauny, n'ait pas été mentionné dans le *Livre des Bourgeois* de cette ville, du quel nous avons donné précédemment une analyse. C'était, il est vrai, une rébellion bien caractérisée contre le gouverneur du pays, mais elle avait son excuse dans un sentiment profond d'aversion contre la domination des Anglais. A cette époque, au xv⁰ siècle, on n'osait pas se glorifier de s'être insurgé contre l'autorité.

Le roy Louis XII commet le bailly de Laon, pour cohnaître d'un différend survenu entre les maire et eschevins et quelques officiers du bailliage de Chauny.

25 mars 1510.

Loys par la grâce de Dieu roy de France, au bailly de Vermandois ou à son lieutenant général à Laon, salut !

Receue avons humble supplicacion de noz bien amez les maire et jurez de la ville de Chauny contenant que jaçoit ce que tant par prévilleiges que ordonnances et coustumes anciennes par nos prédécesseurs roys de France a eulx octroyez, les dicts suppliants qui sont ou pays limitrophe, ayant droict de justice et jurisdiction es choses concernant le faict de la police d'icelle ville, ensemble de tous délictz ceulx communs et autres. Et que pour la seurté et gouvernement de la dicte police et chose publique d'icelle ville y ait accoustumé d'avoir ung maire avec quinze ou seize jurez, cinq eschevins et cinq mayeurs d'enseigne, tous notables personnes, les quelz

mayeurs d'enseigne sont commitz de par des dicts mayeur et
jurez ès-cinq quartiers de la dicte ville pour assaubler en
ordre, au commandement des dicts maire et jurez suppliants
et chacun en son quartier, le peuple de la dicte ville et aussi
pour empescher et évitter les scandalles, monoppoles et
assemblées illicites à quoy le dict menu populaire d'icelle ville
qui est de diverses nations, est très-fort enclin et les quelz
maire et jurez suppliants ont aussi coustume d'avoir l'administration et gouvernement de l'Ostel-Dieu de Sainct-Ladre en
la dite ville et aussi d'aucun autre revenu pour employer en
partie à la fortiffication et entretennement de la dicte ville,
portes et chaussées d'icelle qui sont subjectz à grans reppara-
cions et frayz, à l'occasion de la situassion d'icelle ville, et
combien que entre toutes les choses et urgences dessus dites,
les dic's suppliants ou ceulx qui de par eulx y ont esté commis
se y soient si notablement conduictz et gouvernez que jamais
n'y ait esté trouvé faulte ne males fins aucuns, ce néantmoins,
ung nommé Cracherin le Machon se seroit puis nagueres au
contempt de ce qu'il aroit par les dicts suppliants, en ensuyvant
les statuts et ordonnances, esté, à l'occasion de ce qu'il aroit
esté véhémentement suspecionné de crime de parjure, expeulsé,
déjecté et mis hors de l'estat de la dicte mairie, en quoy il
estoit lors constitué comme juré d'icelle, se seroit efforcé
indeument et à grand monoppole et assemblée illicite puis
naguéres très-arrogamment présenter certaine requeste en
l'auditoire de la dite mairie par luy consultée avec Me Nouel
du Boys, nostre advocat au dict Chauny, au désaveu de nostre
procureur au dit lieu, tendant par icelle vouloir esmouvoir le
dit peuple à mutination, à l'encontre des dicts suppliants, soubz
coulleur de indeue réformation touchant le fait et gouvernement de la dite mairie, sans ce que aucun des dicts habitants
voulsist aucunement advouer le dit le Machon, et y fut telle
commotion par le dit peuple commise que, si les dicts suppliants ou aulcun d'eulx ou leurs officiers se fussent mis en
quelque petit effect d'exercice de justice contre le dit Cracherin
et adhérens, iceulx Cracherin et adhérens eussent illec tué et

occis ou très-inhumainement oultraigé les dicts suppliants et leurs officiers ou la pluspart d'iceulx. Et qui pis est en ce mesme instant ou tost après, le dit le Machon persévérant en son dampné vouloir et obstination, si seroit indeuement efforcé esmouvoir le dit populaire à commotion, mesmement la pluspart des femmes de la rue de la Chaussée de la dite ville ; que le procureur d'icelle auquel avoit par les dicts suppliants esté enjoinct d'informer avec autres des dicts monoppoles, assemblées illicites et malefins dessus dits, que le procureur aroit soudainement illec esté contrainct soy absenter et réfugier en lieu de seureté. Et si aroit illec icellui Machon tellement enhorté et animé le menu peuple de la dite ville que les dicts suppliants ne aucun d'eulx ne peuvent depuis estre et encore ne sont asseurez de leurs personnes en icelle ville ; et qui pis est, pour empescher ou cuider par le dit du Boys couvrir ou coullorer les dicts malefins, se seroit icelluy du Bois, aucun bref temps après, malicieusement efforcé, au désaveu de nostre procureur au dit Chauny, présenter aultre subreptice requeste à notre gouverneur et bailly du dit Chauny, ou son lieutenant en ses assises au dict lieu, tendant icelle affin de faire faire nouvelles ordonnances ou constitution touchant l'élection, institution au prouffit de leur dict maistre et autres choses scandaleuses mentionnées en la dite requeste, la quelle tendoit à mesme fin que celle du dit le Machon ; sur la quelle avoit à iceulx suppliants, ce requérans, esté octroyé délay pour y respondre. Et combien qu'ilz aient justes et péremptoires deffences pour ce faire et dabondant tems de prendre contensions à l'encontre des dicts le Machon et du Boys, en lieu de leur accez et pardevant juge non suspect, ce néantmoins ilz doubtent que, à l'occasion des dictes commotions et monoppoles et qu'il y a aultres gens de conseil au dict Chauny que nostre advocat et procureur les quelz, comme dit est, sont en controverse l'un à l'encontre de l'aultre, tant pour ce que dit est que aultrement, il leur fut sans grand péril de leurs personnes impossible de y avoir aucune administration de justice, qui pourroit estre au grant scandalle, lésion et

vittupère des dicts suppliants et de la chose publicque du dict
Chauny et prévilleiges d'icelle ville et en leur grant intérest et
dommaige se par Nous ne leur estoit seur ce octroyé provision
convenable si, comme ilz nous ont fait remonstrer en nous
humblement requérant par iceulx suppliants que, attendu les
dites commotions et monoppoles dessus ditz et pour obvier à
toute suspicion, faveur ou contrainte d'iceulx, Nous leur
voillons sur ce prononcer : Par ce est-il que Nous, attendu les
dites choses, voulans obvier a telles commotions et assemblées
illicites, vous mandons et pour ce que estes juge principal au
dit bailliage duquel le dit sieige de Chauny est de l'ancien
ressort et second sieige et auditoire, à la distance de six petites
lieues ou environ, et que la dicte matière pourroit plus seure-
ment, toutes craintes, suspicions cessans et par meilleur
conseil estre traictiée et décidée que audit Chauny, ne en
aucun aultre sieige du dit bailliage, commettons, se mestier
est, par nos présentes, que les dites parties présentes ou
appéllées au procureur pour illec, il vous appert des dites
monoppoles, assemblées illicites et malesfins dessus dicts, qu'il
n'y ait conseil au dict Chauny que nos dictz advocat et procureur les quelz, comme dict est, sont en controverse ensemble
des dites suspicions et autres partz de fureur ci-dessus mentionnées ou des choses dessus dictes ou de tant que suffire
doye ; vous, audit cas, faictes les dictes parties procéder et
avant aller en la dite matière et ses deppendances, ainsi que
verrez estre affaire par raison, en recepvant par vous, en
oultre, les dicts suppliants et les quelz ou cas dessus dict
voulons, de grace espéciale, par ces présentes, par vous estre
receuz en icelle matière et ses deppendances, à l'encontre des
monoppoleurs et autres qu'il appartiendra, telles requestes et
conclusions que bon leur semblera, pour des dictz malefins
estre par vous, information préalablement faicte contre ès-
délinquans, procéder par adjournemens personnels ou autrement ainsi qu'il appartiendra par raison, en interdisant et
défendant ou faisant interdire et défendre de par nous, sur
certaines et grosses pennes à vous à appliquer au dict gouver-

neur de Chauny ou son dict lieutenant de entreprendre aucune part ou injestion d'icelle matière et de ses appendances en aucune manière et à parties adverses de non faire aucune poursuycte pardevant luy, et en caz de desbat, les dictes inhibitions et deffenses, au cas dessus dict, tenons, non obstant oppositions ou appellations quelzconques, faites et advisiées en cas de débat aux dictes parties, ycelles au surplus oyes, bonne et briesve justice; car ainsi nous plaist-il estre faict, non obstant usaige, rigueur de droict ou de stille, si aucuns estoient et quelzconques lettres subreptices à ce contraires et pour voir procéder à l'entérinnement de ces présentes et précédant le dit entérinnement d'icelles, mandons et commettons au premier nostre huissier ou sergent sur ce requis adjourner pardevant vous, à certain jour, audit lieu, tous ceulx qui pour ce seront à adjourner en ceste partie, en leur faisant et à chacun d'eulx et autres à qui il appartiendra, les inhibitions, interdictions et deffenses en tel cas requises, en tel cas accoustumées touchant les dicts catz. En vous certiffiant souffisamment au dit jour, de tout ce qui fait en sera, en mandant à tous nos justiciers, officiers et subjects que à vous, voz commis et depputez et à nostre dict huissier ou sergent soit obey.

Donné à Paris le xxiiiie jour de mars l'an de grâce mil cinq cens et dix et de nostre règne le treiziesme.

> Charte sur parchemin, avec grand sceau en cire brune, brisé, tenu par une languette simple de parchemin (non inscrite au Cartulaire).

Signature : ILLISIBLE.

Lettres d'ajournement pour l'entérinement des lettres précédentes (25 mars 1510), devant le Bailly de Vermandois, à Laon.

31 mars 1510.

A hault et puissant seigneur Monsieur le Bailly de Vermandois ou votre lieutenant général à Laon, commissaire du roy nostre sire, en ceste partie, Jehan de la Barre, sergent du roy notre d. seigneur, en la gouvernance et prévosté de Chauny, le vostre en tout honneur et révérance. Mondit seigneur plaise vous savoir que par vertu de certaines lettres royaulx auxquelles ces présentes sont attachées, obtenues par les maire et jurez de Chauny, impétrans et dénommez en icelles, à moy présent par Jehan Mouret, leur procureur,

Le lundi dernier jour de mars mil cinq cens et dix, me transportay pardevers et à la personne de Cracherin le Masson, lequel en la présence de Nicolas Alard et Jehan Levasseur, demourans au dict Chauny et après lecture par moy à luy faicte des d. lettres, je adjournay, à la requeste des d. maire et jurez, à comparoir pardevant vous ou vostre lieutenant aud. lieu de Laon, vendredi prochainement venant, iv⁰ jour du mois d'avril, pour veoir par vous procedder à l'entérinement desd. lettres royaulx et sur ce procedder comme de raison, en luy faisant deffenses de, par le roy nostre dict seigneur sur et en peine de mil livres parisis d'amende aud. seigneur à appliquer, que pendant l'intérinement desd. lettres et pour les causes contenues en icelles, il ne feist aucune poursuicte contre lesd. maire et jurez, pardevant Monsieur le Gouverneur et Bailly de Chauny ou son lieutenant aud. lieu; et tantost après, environ l'heure de huit heures du matin, me transportay pardevers et à la personne de maistre Noël Dubois, advocat du roy, nostre syre aud. Chauny. lequel, en présence de Pierre Foucquelin, Adrien Guibon et Adrien de Fron, je adjournay, à la requeste desd. maire et jurez, audit jour et lieu, pour veoir par vous procedder à l'entérinement desd. lettres, ainsi que de raison, en lui faisant semblables deffenses que aud. Cracherin et sur les peines que dessus, que de la cause qu'il avoit intentée contre lesd. maire et jurez, pardevant led. gouverneur et bailly de Chauny, ou son lieutenant audit lieu, dont mention est faicte èsd. lettres, il ne proceddast aucunement pendant et durant l'entérinement desd. lettres royaulx ; sur quoy me fut par luy dit et respondu qu'il me bailleroit sa response par escript, et ce fait à lad. heure et ès-présence desd. Foucquelin, Guibon et de Fren. je fis deffenses, de par le roy notre d. seigneur, à honnourable homme Jehan du Pré, licencié en loix, lieutenant général de Monsieur le gouverneur et bailly dudict Chauny, de ne plus tenir aucune court, juridiction ou cognoissance de la cause pendant devant luy, entre led. advocat et lesd. maire et jurez, pendant l'entérinement desd. lettres et sur les peines que dessus, le tout selon la forme et teneur desd. lettres royaulx et qu'il m'estoit mandé par icelles, à quoy me fust respondu par lui qu'il se garderoit de mesprendre. Et led. jour, environ quatre heures après midy, est venu devers moy led. advocat, lequel m'a baillé sa response par escript, contenant ce qui s'ensuit : Par lequel Dubois a été déclaré et respondu que ce qu'il en avoit fait n'avoit point esté en son nom privé, mais comme advocat du roy notre sire ou dit Chauny, stipulant et commis pour le bien de justice et de la chose publicque ou lieu de maistre Raoul Le Normand, procureur du roy notre d. seigneur, suspect en ceste partie, en disant par icelluy advocat qu'il, ou dit nom, se sentoit grevé et que partant il s'en porroit et déclaroit opposant et ne requeroit expressément que voulzisse de ce faire mention et en la manière que dessus, en ma relation. Et tout ce mond. seigneur vous certifie estre vray et ainsy avoir esté fait en la présence des dessus dits par ceste parelation, Scellées de mon seel et signées de mon seing manuel cy mis, l'an et jour dessus dits.

Signé : De la Barre.

Original sur parchemin annexé à la charte
du 25 mars 1510, dont copie précède, muni d'un
sceau en cire verte, tenu par une languette de
parchemin, mais n'ayant aucune empreinte.

Le roi François I" taxe la ville de Chauny à la somme de 330 livres 8 sols 8 deniers, pour sa part contributive dans les frais de travaux de fortifications à rétablir pour la défense des villes frontières et places fortes du royaume.

16 juin 1541.

François par la grâce de Dieu roy de France, à noz chers et bien amez les Eschevins, gouverneurs et receveurs des deniers commungs de nostre ville de Chauny, salut et dilection.

Comme pour le grand bien et utilité de nous et de nostre royaume, Pairs, seigneurs et subjectz nous ayons entreprins de faire réparer et fortiffier nos villes de frontières et places-fortes en telle et si bonne seureté et deffense que doresnavant nos dicts subjects puissent vivre en bon repos et transquillité en nostre royaume et pour ce faire depuis noz dernières guerres nous n'aurions aucunement espargné noz finances, ainsy avons employé plusieurs grosses sommes de deniers ainsi qu'il se peult aisément juger et congnoistre par les dites réparations et fortiffications que aurions fait faire tant en l'année passée que en ceste présente, lesquelles néantmoins se sont trouvées et trouvent de si grande despense que tous les dits deniers n'y peuvent encore satisfaire, tellement qu'il nous seroit impossible les parachever et parfaire, si n'estions aydez et secouruz des deniers commungs de noz octroyz des villes de nostre royaume, en suyvant les estatz qui en ont été naguères faitz et arrestez avecq les eschevins et gouverneurs des dites villes et par les commissaires à ce par nous expressément ordonnez et depputez. Et pour ce que les dits deniers sont ordonnez pour estre principallement employez et convertiz en la réparation et fortiffication des dites villes et non ailleurs et que on ne les pourroit plus utilement employer que à la continuation et perfection des dites réparations et fortiffications d'icelles villes de frontière, actendu que c'est le bien universel de nostre royaume et que de la conservation des dites villes de frontière et places fortes dépend la seureté des

20.

autres villes et de nos subjects, avons délibéré faire faire et parachever les dites réparations et fortiffications par nos mains,
ainsi que avons encommencé et à ceste fin faire prandre et
recevoir durant ceste présente année et pour ceste foiz seulement et sans là tirer à consèquence les deniers commungs
d'octroiz de nos dites villes par nostre amé et féal conseiller
trésorier et receveur général de noz finances extraordinaires
et parties casuelles maistre Jehan Laguette ou de ses commis
par ses quittances.

Nous à ces causes voullant les dites réparations et fortiffications estre continuées durant ceste présente année et icelles
estre parfaictes et parachevées le plus tost qu'il sera possible,
vous mandons, commandons très-expressément enjoignons
par ces présentes, que vous ayez incontinent à bailler et délivrer ou faire bailler et délivrer et mectre ès-mains dudit
Mᶜ Jehan Laguette, nostre trésorier et receveur général susdit
ou de ses dits commis par ses dites quittances, la somme de
trois cens trente livres huit solz huict deniers tournois à
laquelle se sont trouvés monter pour ung an, toutes charges
déduictes, les deniers commungs d'octroiz de nostre dite ville
de Chauny, ordonnez et destinez spéciallement pour les fortiffications et réparations d'icelle, selon et en suivant les dits
estatz qui en ont naguères esté faictz et arrestez, de notre
ordonnance et commandement exprés avecq vous. Et pour
icelle somme estre convertye et employée ès dites réparations
et fortiffications de nos dites villes de frontières et places
fortes de nostre royaume, ainsi qu'il sera cy-après par nous
ordonné et en rapportant par vous ou vostre receveur à ces
présentes signées de nostre main, avecq les quictances dudit
Laguette sur ce suffisantes, Nous voullons la dite somme de
IIIᶜ XXXˡ VIII sols VIII deniers tournoiz estre passée et allouée
en la despense de vos comptes et vous et vos dits receveurs
en estre tenuz quictes et deschargez par tous il appartiendra,
car tel est nostre bon plaisir. Et aux fins que dessus Nous
avons dès à présent saisi, arresté et mis en nostre main tous
et chacuns vos deniers commungs d'octroyz, en vous faisant

inhibitions et deffenses de n'en vuyder vos mains ne iceux
exposer ne appliquer ou faire exposer ne appliquer en aucune
chose quelconque que pour la cause et effect que dessus,
jusques à la concurrence de la dite somme, sur peine de nous
en répondre et de nous en prendre à vous, en vos propras et
privez noms.

Donné à Chastelrault le xvie jour de juing, l'an de grâce
mil cinq cens quarante et ung et de nostre règne le vingt
septième.

    Signé : FRANÇOIS.   Par le roy : BOCHETEL.

Le roy François Ier ordonne de faire payer par la ville de Chauny la somme de 330 livres 8 sols 8 deniers à laquelle elle a été taxée pour les travaux de fortification des villes frontières et places fortes du royaume et qu'elle différait de payer.
A cet effet le Roy prononce la saisie des deniers provenant des octroys.

25 octobre 1541.

François par la grâce de Dieu roy de France, à notre amé
et féal le bailly de Chauny ou son lieutenant, salut et dilection.

Comme dès le seiziesme jour de juing dernier passé, par
autres noz lettres patentes, nous eussions pour les bonnes,
justes et raisonnables causes y contenues, mandé et expressément enjoint aux gouverneur, eschevins et receveur des
deniers commungs de nostre ditte ville de Chauny, bailler et
délivrer ou faire bailler et délivrer et mectre ès-mains de
notre amé et féal conseiller, trésorier et receveur général de
noz finances extraordinaires et parties cazuelles M. Jehan
Laguette ou de ses clercs et commis par ses quittances, la
somme de trois cens trente livres huict solz huict deniers
tournoys à quoy se sont trouvez monter pour ung an, toutes
charges déduictes, les deniers commungs d'octroiz de notre
dite ville de Chauny, selon et en suyvant les estatz qui en
avoient, de nostre ordonnance, esté faictz et arrestez avecq

eulx, pour icelle somme estre convertie et employée à la continuation des réparations, fortiffications et emparemens de noz villes de frontiéres et places fortes de nostre roiaulme, ainsi qu'il seroit par nous ordonné. Et à ces fins furent dès lors par Nous saisys, arrestez et mis en nostre main tous et chacuns les deniers commungs d'octroyz, et deffenses par nous faites aus ditz gouverneurs, eschevins et receveur d'icelle ville de n'en vuider leurs mains ne iceulx appliquer et employer en autre chose quelconque que à l'effect que dessus, sur payne de nous en respondre et de nous en prandre à eulx en leurs propres et privez noms. Et combien que nos dittes lectres patentes leur ayent dès le dit temps esté présentées et que les dits gouverneur, eschevins et receveur ayent esté deuement sommez et requis de fournir et bailler au dit Laguette ou ses dits clercs et commis, par ses dittes quittances, la dite somme, néautmoins ilz ont esté et sont de ce faire reffusans et dilayans, au grant retardement et discontinuation des dites réparations et fortiffications et au préjudice de Nous et de la chose publicque de nostre royaulme. A quoy est très-requis de pourveoir et déclarer de rechef nostre voulloir et intention sur ce.

Nous à ces causes voullans les dittes réparations et fortiffications estre continuées et parachevées en la plus grande diligence qu'il nous sera possible et icelle somme de III^c XXX^l VIII sols VIII deniers tournois, avec les deniers commungs d'octroyz de noz autres villes y estre employez pour ceste foys seullement et sans ce tirer à conséquence; et à ceste fin que aucun n'en puisse prétendre aucune excuse ni cause d'ignorance, nous mandons, enjoignons et commectons, par ces présentes, que vous faictes ou faictes faire encores pour ceste foyz exprès commandement de par Nous aus dits gouverneur, eschevins et receveur de nostre ditte ville de Chauny, de bailler, délivrer et mectre ès-mains d'icelluy Laguette ou de ses dits clercs et commis par ses dictes quittances, la dite somme de III^c XXX^l VIII^s VIII^d tournoiz, dedans ung moys, après la présentation à eulx faite des dites présentes. En leur faisant déclaration que en leur reffuz, le dit temps passé, ilz seront contrainctz à ce faire, chacun d'eulx seul et pour le tout, réaument et de faict, si comme il est acoustumé faire pour nos propres deniers et affaires, nonobstant oppositions ou appellations quelzconques et sans prendre d'icelles appoinctement, lesquelles néantmoins le dit temps passé ne voullons estre par vous aucunement différé, actendu qu'il est question du grant bien de nostre chose publicque, seureté et repos de nostre peuple et conservation des dites villes, des quelles oppositions ou appellations Nous avons retenu à Nous et à Nostre privé Conseil la congnoissance, pour en icelluy Conseil les faire sommairement congnoistre, décider et déterminer, comme de raison. Et d'icelles avons interdit et deffendu, interdisons et deffendons par ces dites présentes à toutes courts et juridictions la congnoissance, sauf touteffois leur recours et pouoir à eulx de pouoir user de pareille contraincte en vertu de ces dites présentes, à l'encontre de ceulx qui auparavant eulx auroient eu l'administration des dits deniers et d'iceulx faict faire la despense qu'ilz prétendent en avoir depuis esté faicte.

De ce faire vous avons donné et donnons plain pouvoir, auctorité, commission et mandement espécial.

Mandons et commandons à tous noz justiciers, officiers et subgectz que à vous, en ce faisant, soit obéy, prestent et donnent conseil, confort, ayde et prisons si mestier est et requis en sont, car tel est nostre plaisir.

Donné à Auxonne le xxve jour d'octobre, l'an de grâce mil cinq cens quarante ung et de nostre règne le vingt-septième.

Par le roy : signé BAYARD.

Originaux en parchemin, avec sceau royal,
de grande dimension, en cire brune.

Le roy Henry II ordonne qu'il soit fait à Chauny et aurtés villes une enquête sur les cens, rentes et autres charges non amortissables grevant les maisons et propriétés des dites villes et qui en empêchent le développement ou la prospérité.

14 Juillet 1553.

Henry, par la grâce de Dieu, roy de France, aux maire, gouverneur et éschevins de la ville de Chauny, salut!

Comme tout le singulier désir que nous avons eu depuis nostre advènement à la couronne, ait esté d'augmenter, accroistre et décorer les bonnes villes et citez de nostre royaume et surtout empescher que les édiffices et maisons estans en icelles ne tumbassent en ruine et décadence, et que toutes places vuides estans en icelles se peussent bastir et rendre habitables, à ce que nos dictes villes demeurassent peuplées de gens d'estat et de qualité tant honeste en marchandise que autres, et depuis aurions trouvé que l'une des choses qui a par cy devant donné et donne encores autant d'empeschement, résistance et contrariété à ce que dessus, ce sont les gros cens, rentes, charges et devuoirs, tant féodaulx que fonciers qui ne sont racheptables ou admortissables dont les dites maisons et places sont chargées, tant encores les seigneurs féodaulx et fonciers que autres qui ont baillé et arrenté les dictes maisons et places. Touteffois avant que de faire ou donner aucun décret, constitution et ordonnance sur ce que dessus, voullans nous informer à la vérité et scavoir le nombre des dicts cens et rentes qui sont foncières, féodaulx et non racheptables, Nous, à ces causes, vous mendons et commectons par ces présentes que vous ayez à faire faire commandement, à son de trompe, cry public et par affiches qui seront faictes et mises ès lieux acoustumez pour ce faire, que toutes personnes et seigneurs de fief, soient gens d'église, de main-morte, laiz (laïcs) ou autre qualité, qui ont cens, rentes foncières et non racheptables sur les maisons et places estans au dedans de nostre dicte ville de Chauny et faulx-bourgs d'icelle et pareillement les propriétaires et détenteurs des dictes maisons qui doibvent les dicts cens et rentes non racheptables, ayent dedans quinze jours après la dicte publication à comparoir en la maison et hostel de la dicte ville. Et là, pardevant vous, ils ayent à bailler par déclaration, tous et chácuñ, les cens et rentes féodales foncières et autres devuoirs non racheptables qu'ilz ont sur les maisons, jardins, maraiz et places assizes en ladite ville et faulxbourgs, eñ spéciffiant par euix ce que chacune des dictes maisons, jardins, marais et places doibt et porte des dits cens et rentes pour sa cottité dont vous ferez faire bon registre et mémoires par vostre clerc et greffier, pour estre fidellement rapporté par devers nous et les gens de nostre conseil privé. Et en faulte de ce faire, comparoir et accomplir ce que dessus par les dicts seigneurs des dicts cens, rentes, tant féodales que foncières non racheptables dedans ladite quinzaine, Nous avons dès à présent prins, saisy et mis en nostre main tous et chacuns les dicts cens et rentes et y celles voullons estre receues par vous et suffisans personnaiges que à ce faire vous commecterez ou ferez commectre par le premier huissier ou sergent sur ce par vous requis que à ce faire commectons, en deffendant et prohibant aux détenteurs et propriétaires des dictes maisons redevables des dicts cens et rentes de les payer à l'abvenir sinon à ceulx qui seront par vous ou vos dicts dép· putez à ce commis *(deest)* ... de les recouvrer sur eulx, de ce faire vous et à vos dicts dépputez respectivement donné et donnons plains pouvoir, puissance et autorité, mandons et commandons à tous noz officiers justiciers *(deest)* ... vous, vos dicts commis dépputez, en ce faisant, pour la cause et effect que dessus soit obéy, prestent et donnent conseil, confort, ayde et prisons si mestier est et requis en sont, car tel est nostre plaisir, nonobstant opposition ou appellation quelconques pour lesquelles ne sera par vous ou l'exécuteur de voz commissions, et mandemons différé et quelzconques or- donnances *(deest)* ... mandemens ou deffenses à ce contraires.

Donné à Compiègne le xive jour de juillet mil cinq cens cinquante-trois et de nostre règne le septième.

Par le roy. Signé BURGENSIS avec paraphe.

Charte en parchemin dont le sceau a été détaché.

Le roy Henry II exempte la ville de Chauny de se soumettre à l'édit par lui rendu sur le rachat des cens et rentes constituées sur les maisons et places de la dite ville et de ses faubourgs.

31 juillet 1553.

Henry par la grâce de Dieu roy de France : à tous ceulx qui ces présentes lectres verront, salut !

Veue la requeste et supplication à Nous et à nostre conseil privé présentée de la part de noz chers et bien amez les manans et habitans de nostre ville de Chauny, attachée à noz lectres patentes en forme de commission cy attachées soubz le contre seel de nostre chancellerie, Nous, pour considération du contenu en la dicte requeste, avons de nostre grace spécial, plaine puissance et auctorité royal, les dicts habitans de la dicte ville et forsbourgs du dict Chauny exemptez et affranchiz, exemptons et affranchissons de noz édict et ordonnance faicte sur le rachapt et remboursement des cens et rentes constituez sur les maisons et places des dicte ville et forsbourgs, ensemble de nostre dicte commission, en déclarant que par iceulx n'entendons les dicts habitans y estre aucunement comprins, nonobstant nos dicte ordonnance et édict, à quoy nous avons pour ceste fois seullement dérogé et dérogeons et à la dérogatoire de la dérogatoire par ces dictes présentes. Car tel est nostre plaisir.

En tesmoing de ce nous avons à icelles faict mectre nostre seel.

Donné à Compiègne le dernier jour de juillet. l'an de grace mil cinq cens cinquante troys et de nostre règne le septième.

Sur le repli : Par le roy en son Conseil, signé BURGENSIS avec paraphe.

Charte en parchemin avec sceau et contre
sceau de cire brune, brisés en plusieurs en-
droits, tenus par une languette de parchemin :
sceau de majesté ; le roi assis sous un pavillon.

La ville de Chauny est taxée à six mille pains du poids de 14 onces à fournir chaque jour, pour l'armée que le roy Henry III doit assembler à Laon, le pain froid et rassis doit peser 12 onces, poids de marc.

17 Juillet 1557.

Les commissaires généraux des vivres de l'armée du roy, aux prévost, maire, eschevins et gouverneur de la ville de Chaulny.

Pour ce qu'il est impossible que ladite armée, laquelle ledit seigneur faict dedans peu de jours assembler ès environs de la ville de Laon en Laonnois, puisse estre nourrie et advitaillée sans l'ayde et secours des bonnes villes voisines et prochaines dudit pays de Laonnois, pendant le temps qu'elle y séjournera et aussi en attendant que les maréchaux munitionnaires entreprenant le fournissement d'une grande partie des vivres d'icelle armée, soient prestz, suyvant leurs marchés, à commencer leurs fournitures, nous avons à ceste cause advisé et délibéré que pour le bien du service et affaires du roy et soullagement de son peuple, le plus gracieulx et facile moien pour secourir ladite armée d'iceulx vivres, assavoir de pain et de vin, est d'avoir recours aux bons et fidelles subjects dudit seigneur, habitans desdites villes circonvoisines, desquelles considérant les facultés et puissances et spécialement la fertilité et commodité des assiettes et scituations d'icelles, nous avons trouvé que facilement et aisément vous pourrez fournir et délivrer chacun jour, pour partie de la nourriture d'icelle armée, le nombre et quantité de six mil pains faicts de bledz mestail, du poix de quatorze onces en paste, revenant à douze onces cuit, froid et rassis, poix de marc. Lequel pain vous fournirez et délivrerez par compte et nombre en vostre dite ville, seullement aux capytaines du charroy des vivres ou aultres personnes que nous vous enverrons exprès pour ledit effect, desquelles délivrances vous prendrez et retiendrez inventoriés et récépissés pour en vertu d'iceulx vous estre vostre dit pain payé et entièrement satisfaict, selon les taux et prix dont nous conviendrons aggréablement avec vous, ayant esgard à toutes choses qui seront sur ce à considérer, pour le service du roy nostre dit seigneur et vostre proffit et soullagement. Et ce à commencer du jour que nous le vous ferons scavoir et entendre et à continuer tant que besoing sera, et le moindre temps toutes fois que nous pourrons pour vostre dit soullagement. Et afin que vous ayez bleds et autres grains à suffisance pour satisfaire à ladite fourniture, ferez toute extresme dilligence incontinant la présente receue, de faire mouldre et convertir de voz bledz en farine, jusques à la quantité de trente-cinq muidz, mesure de Paris, vous aydant et accommodant pour cest effect des bonnes maisons aisées tant d'église que aultres de vos circonvoisins, ensemble des mollins, fours, bois et toutes aultres choses nécessaires audict effect; faisant à ceste fin commandement de par le roy et nous, en vertu de nos pouvoirs, à tous marchants musniers, boullangiers et aultres personnes qu'il appartiendra, de quelque condition qu'ils soient, devons obéir et assister en toutes choses qui toucheront et concerneront l'exécution du contenu en ces dites présentes ordonnances et commission, nonobstant opposition ou appellation quelconques pour lesquelles le roy nostre dit seigneur ne veult estre différé ni délayé, attendu l'importance de ceste affaire et sur peine de s'en prendre à vous et à vos propres personnes et à ceulx qui vous auroient douné empeschement de ce faire et accomplir, selon l'intention dudit seigneur.

Donné à Compiègné soubz nos seings et seelz le 17e jour de juillet mil cinq cent cinquante-sept.

Signé : Bourgeois et Beau.

Charte en parchemin dont les sceaux, en cire rouge d'Espagne, ont été enlevés.

———

Henry III, roy de France, exempte la ville de Chauny, qui est du gouvernement d'Isle de France, de toute contribution aux vivres et fournitures, pour les hommes d'armes mis en garnison à La Fère, qui est du gouvernement de Picardie.

31 Mars 1586.

Henry par la grâce de Dieu, roy de France et de Pologne, à

noz chers et bien amez les officiers de la justice, maire, jurez
et principaulx habitans de nostre ville de Chauny salut.
Scavoir vous faisons que nous ayans esgard à la requeste à
nous présentée de vostre part cy-attachée soubz le contre scel
de notre chancellerye et apprès avoir ouÿ sur le contenu en y
celle nostre amé et féal le sieur de Villequier, chevalier de noz
ordres, conseiller en nostre conseil d'Estat, premier géntil-
homme de nostre chambre, cappitaine de cent hommes d'armes
de nos ordonnances, gouverneur et nostre lieutenant-général
à Paris et Isle de France, nous suivant le décret mis au pied
de ladite requeste, vous avons exemptez et deschargez, exemptons par ces présentes de la contribution aux fournitures et
vivres pour l'entretènement de la compaignie de gens d'armes
de noz ordonnances, ordonnée et mise en garnison pour
nostre service en la ville de La Fère en Picardye, encores que
par noz lectres patantes de commission du xxiiie février dernier passé, nous vous eussions mandé secourir et ayder à la
fourniture desdits vivres ; laquelle commission nous avons
cassée, révocquée et annullée, cassons, révocquons et
annullons par ces dictes présentes, attendu que nostre dicte
ville de Chauny est dudit gouvernement d'Isle de France, et la
dicte ville de La Fère, de celluy de Picardye. Et aussy qu'il
fauldra que faciez semblable contribucion, lorsque l'on establira garnisons de compaignies de gens d'armes en icelluy
gouvernement d'Isle de France ; faisant expresses inhibitions
et deffenses au sieur de Beaulieu, supre intendant général des
vivres en nostre royaulme et à ses commis de faire faire
aulcunes poursuites et contraintes contre vous à ceste occasion, car tel est nostre plaisir, nonobstant nos dictes lectres
de commission, éditz quelconques, mandemens et lectres à ce
contraires. Donné à Paris le dernier jour de mars l'an de grâce
mil cinq cens quatre vingtz six et de nostre règne le douzièsme.
Ensuite est écrit : Par le roy, en son conseil,

Signé: PINARD.

Charte en parchemin, avec sceau du roi,
sous pavillon.

Le sceau en cire brune tient à cette charte par une languette de parchemin.

Le contre-sceau de la chancellerie, semblable au contre-sceau royal, est aussi en cire brune.

Suit la teneur de la requête du maire de Chauny :

Au roy et à nos seigneurs de son conseil d'Estat.

Sire,

Les officiers de la justice, maire, jurez et principaux habitans de vostre ville de Chauny vous remonstrent très-humblement que de tous temps et anciennement ilz ont esté constituez à infinies misères et calamitez tant pour avoir esté ladite ville bruslée par deux diverses fois, qu'autres ruynes et pertes qui leur sont survenues en plusieurs et diverses manières ; à cause de quoy et des grandes tailles, subsides, impositions et autres excessives charges qu'ilz sont contrainctz journellement payer et acquitter, la plupart des habitans pour ne pouvoir plus supporter telles charges se sont absentez. Néanmoins sans y avoir esgard ny à la grande chereté de vivres provenue à cause de la stérilité de l'année passée, mesmes qu'ilz ne sont au gouvernement de Picardie, ains du gouvernement de l'Isle de France, sans jamais en avoir esté distraictz ; par vos lectres patentes du xxiiiᵉ février dernier passé, leur auriez mandé de contribuer aux fournitures et vivres pour l'entretènement de la compaignie d'ordonnance mise pour vostre service en la ville de La Fère, dépendante du gouvernement de Picardie, n'estant à cette occasion raisonnable qu'ilz soient contrainctz y contribuer, non plus qu'ilz ont esté aux guerres passées, et seroit en ce faisant les rendre contribuables en deux endroictz, ce que vostre Majesté n'a jamais entendu.

A ceste cause, Sire, actendu ce que dessus et la grande pauvreté en laquelle lesdits habitans sont à présent réduictz, vous plaise ordonner, sans avoir esgard à vos dictes lectres patentes, que lesdits habitans demeureront quictes et deschargés de ladite contribution de vivres et fournitures et à ceste fin mandé et très-expressément défendu au sieur de Beaulieu

supre intendant général des vivres de vostre royaume et à ses
commis et députez de faire faire aucunes poursuites et con-
trainctes contre lesdits suppliants, à ceste occasion, en vertu
d'icelles de vos dictes lectres patentes, ores ny pour l'advenir
en quelque sorte et manière que ce soit. Et ilz seront tenuz
prier pour l'accroissement, grandeur et prospérité de vostre
Majesté.

Suit l'ordonnance mise au bas de cette requête :

Après avoir la présente requeste esté veue au conseil du roy
où estoit le sieur de Villequier, gouverneur et lieutenant
général de sa Majesté à Paris et Isle de France, qui a remonstré qu'il faudra que ledit Chauny contribue ez fournitures et
vivres quand il y a des compaignies establies en garnison en
Isle de France, a esté ordonnée que les suppliants seront de
tout le contenu cy dessus deschargez et que lectres leur seront
expédiéez comme a esté faict pour Noyon.

Fait à Paris le dernier mars 1586.

Signé : PINART.

Original sur grand papier.

**Henry III, roy de France, exempte la ville de Noyon de toute con-
tribution aux fournitures de vivres, etc., pour les gens d'armes en
garnison à La Fère en Picardye.**

24 mars 1586.

Au Roy et à nos Seigneurs de son Conseil d'Estat.

Sire,

Les officiers de la justice, maire, eschevins et principaulx
habitans de vostre ville de Noyon vous remonstrent très-
humblement que de tout temps et ancienneté ilz ont esté et
sont encore à présent dépendant du gouvernement de Isle de
France, sans jamais en avoir esté distraicts. Ce néantmoins

par vos lectres patentes, vous auriez mandé de contribuer aux fournitures et vivres pour l'entretènement de la compaignie d'ordonnance mise, pour votre service, à La Fère, ville touteffois dépendante du gouvernement de Picardie, n'estant a cette occasion raisonnable qu'ilz soient contraincts d'y contribuer ; non plus qu'ilz ont esté aux guerres passées : que si telles choses avoient lieu, les pauvres contribuables ny demeureront : ce que vostre Majesté n'a jamais entendu. A ceste cause, Sire, actendu ce que dessus et que la dite ville de Noyon est distante et fort esloignée de la ville de La Fère, vous plaise ordonner, sans avoir esgard aux dites lettres patentes, que les dits supplians demeurent quictes et deschargez de la dite contribution de vivres et fournitures et mandé et très-expressément deffendu aux commissaires sur ce députez de ne les y contraindre en vertu d'icelles lettres patentes ores ny pour l'advenir en quelque sorte ni manière que ce soit, et ilz seront tenuz prier pour l'accroissement, grandeur, prospérité et santé de votre Majesté.

Signé MARTINE.

Et plus bas est escript ce qui ensuit :

Aprés avoir esté leu le contenu cy dessus, Sa Majesté et sur ce ouy le sieur de Villequier gouverneur et lieutenant général de Sa Majesté à Paris et Isle de France, a esté ordonné que les supplians seront du tout deschargez, suivant leur réquisition, actendu qu'il faudra qu'ilz facent semblable contribution lorsque l'on establira garnison de compaignies de gens d'ordonnance audit gouvernement d'Isle de France. Faict à Paris le XXIVe mars 1586,   Signe PINARD.

Henry par la grâce de Dieu Roy de France et de Pologne, à noz chers et bien amez les officiers de la justice, Maire, Eschevins et principaulx habitans de nostre ville de Noyon, salut. Savoir vous faisons que Nous aiant esgard à la requeste à Nous présentée de vostre part cy attachée soubz le contrescel de nostre chancellier et après avoir ouy sur le contenu en icelle nostre aimé et féal le sieur de Villequier chevalier de nostre ordre, conseiller en nostre Conseil d'Estat, premier gentilhomme de nostre chambre, cappitaine de cent hommes d'armes de nostre ordonnance, gouverneur et nostre lieutenant général à Paris et Isle de France, Nous suivant le désir mis au pied de la dite requeste, vous avons exemptez et deschargez, exemptons et deschargeons, par ces présentes, de la contribution aux fournitures et vivres pour entretènement de la compaignie de gens d'armes de noz ordonnances ordonnée et mise en garnison pour nostre service en la ville de La Fère, en Picardie, encores que par nos lettres patentes de commission du xxiiie février dernier passé nous vous eussions mandé service et ayde à la fourniture des dicts vivres, laquelle commission nous avons révocquée, cassée et adnullée, cassons, révocquons et adnullons par ces dictes présentes, actendu que nostre dicte ville de Noyon est du gouvernement de Isle de France et la dicte ville de La Fère de celluy de Picardie et aussi que fauldra que faciez semblable contribution, lorsque l'on establira garnison de compaignies de gens d'armes en icelluy gouvernement de Isle de France ; faisant expresses inhibitions et deffenses au sieur de Beaulieu supreintendant général des vivres de nostre royaume et à ses commis de faire faire aucune poursuite et contraincte contre vous à ceste occasion : car tel est nostre plaisir, nonobstant nos dictes lettres de commission et quelzconques mandemens et lettres à ce contraires.

Donné à Paris ce vingt quatriesme jour de mars l'an de grâce mil cinq cens quatre vingt six et de nostre règne le douziesme : signé par le Roy estant en son Conseil d'Etat.

A la suite est cette mention :

Par Nicolas Choguillot et Nicolas le Roy, notaires du Roy, nostre sire, en son châtelet de Paris, soubz signez, collation de la présente requeste a esté faicte aux originaux, l'un en papier et l'autre en parchemin, receuptz et furent iceulx renduz le vingt neufviesme jour de mars l'an mil cinq cens quatre vingt et six.

Signé CHOGUILLOT et LEROY.

Originaux sur grand papier.

Le roy Henry IV ordonne de délivrer à la ville de Chauny 56 pieds d'arbres propres à rétablir les ponts, portes, bascules et fortifications de cette ville.

16 janvier 1595.

Henry par la grâce de Dieu roy de France et de Navarre, à noz amez et feaulx conseillers les gens tenant notre court de Parlement à Paris grand maitre . . . . Feura et Gonivaus réformateurs de noz eaues et forestz au département de l'Isle de France et Picardie et en leur absence au maître particulier de nostre forest de Chaulny, salut !

Ayant nous mesmes recongneu combien il est important au bien de nostre service et à la conservation de nostre ville de Chaulny en nostre obéissance qu'il soit promptement pourveu à la réfection des ponts, portes, bacules et plusieurs autres ouvrages à faire en la closture et pour la fortiffication de nostre ville de Chaulny nous avons advisé de faire prendre promptement en nostre forest de Chaulny la quantité de cinquante pieds d'arbres propres à bastir et faire les dits ouvrages, pour y estre employez selon que par le sieur de Chaulny sera ordonné pour le bien de nostre service. Pour ceste cause nous vous mandons, ordonnons et enjoingnons très-expressément que par les officiers de nostre dite forest vous faciez marquer et délivrer le plus promptement et ès en droictz de noz dites forestz les plus proches et commodes que faire ce pourra, les dits cinquante pieds d'arbres de la qualité sus-dite, usant en cela de la diligence et célérité que nostre service et l'impor-

tance de la seureté et fortiffication de nostre ville le requéroit,
vous donne de ce faire pouvoir, aide, commission et mandement spécial. Car tel est nostre plaisir.

Donné à Paris, le 16ᵉ jour de janvier l'an de grâce mil cinq
cent quatre vingt quinze et de nostre règne le sixiesme.

Signé HENRY.

Par le roy : FAOTTIER.

> Scellé du grand sceau de majesté, le roy
> sous pavillon. Cire brune, languette de par-
> chemin.
>
> Charte en parchemin.

**Donation par le roy Henry IV, à la ville de Chauny, d'une portion
de prairie, dans les NAVOIRS, provenant du redressement du
cours de la rivière d'Oise, pour l'entretien des fortifflcations, etc...**

Novembre 1596.

Henry, par la grâce de Dieu, roy de France et de Navarre,
à tous présents et à venir, salut ! Noz chers et bien amez les
maire, jurez, manans et habitans de notre ville de Chauny
nous ont remonstré et faict entendre que le feu roy Philippe
le Bel, quatriesme de ce nom, de bonne mémoire, que Dieu
absolve, leur auroit, dès l'an mil deux cens quatre vingts neuf,
accordé et faict don de quelque quantité de prez nommez les
Navoirs et environnez de toutes parts de la rivière d'Oize, qui
souloient auparavant estre pastis et communs, pour les fruicts
provenant des dicts prez estre employez à la réfection et
entretènement des ponts et autres affaires de la dicte ville ;
que depuis le dict temps, quelques bras de la dicte rivière se
sont taris et comblez, de sorte que par le moyen d'un autre
cours et fossé tiré à droicte ligne pour le passage des dicts
bras taris et comblez et pour la commodité de la dicte ville,
les dicts prez ont esté augmentez et accreus de quelque petite

21.

quantité, laquelle les dicts maire, jurez, manans et habitans de nostre ville de Chauny nous ont très-humblement supplié et requis en considération des grandz fraiz qu'ils ont faicts et sont contraincts faire chacun jour, tant au bastiment de plusieurs ponts sur la dite rivière d'Oize, entretènement d'iceulx qu'à la fortiffication de la dite ville, vouloir amener aus dicts anciens nommez les *Navoirs*, et leur en faire don aulx mesmes conditions que le dit feu roy Philippe-le-Bel leur auroit faict d'iceulx *Navoirs;* pour ce est-il que nous inclinant libéralement à la dite supplicátion et réqueste et désirant les dits maire, jurez, manans et habitans de nostre dicte ville de Chaulny en considération des services qu'ils nous ont faicts, font et continuent chacun jour et leur donner tant plus de moyen de supporter les grands fraiz qu'il leur convient faire, tant à l'entretènement des dicts ponts que aulx fortiffications de la dicte ville; à ceste cause nous leur avons par ces présentes signées de nostre main, faict et faisons don de la dicte quantité de prez augmentez aus dicts anciens prez des *Navoirs,* par le moyen du dict comblement et fossé faict de nouveau pour le cours de la dicte rivière, à quoy quelle puisse monter et revenir, la quelle nous avons à ceste fin anexée et unye avec la dite quantité ancienne, pour jouir par les susdicts du tout ensemblement, comme ils ont cy-devant bien et deument faict des dicts anciens des Navoirs auparavant la construction du dict nouveau fossé, à la charge que les deniers qui proviendront des fruicts du dict total seront employez tant à l'entretènement des dicts ponts, fortiffications que autres affaires particulières de la dicte ville, selon qu'il est porté par les dictes préceddentes lettres de don, les quelles nous voullons estre suivies et observées de point en point, selon leur forme et teneur, en ayant, en tant que besoin est ou seroit, confirmé le don aux sus dicts. Et donnons en mandement à nostre amé et féal le Bailly du dit Chaulny ou son lieutenant, maître particulier de noz eaues et forestz de France, au département du dict lieu ou son lieutenant et autres noz officiers qu'il appartiendra que du contenu cy-dessus ils l'en facent, souffrent et

laissent jouir et user plainement, paisiblement et perpétuellement, cessant et faisant cesser tous troubles et empeschemens
au contraire, nonobstant que la dicte quantité de prez ne soit
ny plus particulièrement spécifiée et déclarée et toutes autres
choses contenues à ces dictes présentes. Car tel est nostre
plaisir et afin que ce soit chose ferme et stable à tous jours,
nous avons à icelles faict mettre et apposer nostre seel, sauf
en aucunes choses nostre droict et l'autruy en toutes. Donné
à Chauny au mois de novembre l'an de grâce mil cinq cens
quatre vingts et seize et de nostre règne le septième.

Signé : HENRY, sur le pli : par le roy : BIEZE ; visa : CONTENTOZ
et BOUSSEPIN.

Au revers est écrit : sur le réquisitoire du Procureur du roy
au bailliage et prévosté de Chauny, ont esté, de l'ordonnance
de M. le lieutenant général au dict bailliage et prévosté, les
dictes lettres patentes en forme de don faict par sa Majesté,
aux maire et jurez, manans et habitans du dict Chauny, pour
et au nom des dicts maire et jurez, manans et habitans,
registrées par moi greffier soubsigné, au registre du dict
bailliage et prévosté. Faict ce 3e jour de may 1597,

Signé DANOIS.

Charte sur parchemin, avec grand sceau
royal en cire verte, tenu par lacs de soie rouge
et verte.

Le roy Louis XIII impose une taxe de 5522 livres 10 sols 9 denier[s]
sur tous les contribuables aux tailles de l'élection de Noyon, pour
rembourser les etappes (vivres) dues à la ville de Chauny et par
elle fournies aux gens d'armes et soldats de sa garnison.

17 Février 1633.

Extraict des registres du Conseil d'Estat.

Sur la requeste présentée au roy en son conseil, par les

maires et jurez de la ville de Chosny. tendant à ce que pour les causes contenues il pleust à sa Majesté ordonner que lectres d'assiette de la somme de cinq mille cinq cens vingt deux livres dix solz neuf deniers leur soyent expédiées, pour icelle somme estre imposée et levée sur la dicte ville, avec l'ordinaire de la taille de la présente année et sans frais et icelle employée au remboursement des sommes par eux empruntées, pour fournir aux gens de guerre de sa dite Majesté, par forme d'estappe. les vivres qui leur estoient ordonnez, sans pouvoir ladite somme estre divertye pour autre estat; — Veu ladite requeste; lettres de cachet de sa Majesté, du xiiie février 1627, par laquelle il est mandé aux habitans de la ville de Chosny de recevoir la compagnie de chevaux-légers de sa Majesté et de fournir aux soldats d'icelle les logis et ustancilles nécessaires; — Acte du xxie may en suivant, contenant ce qui a esté fourny par lesdits habitans au sieur De La Sepante, commandant ladite compagnie; — Autre lettre de cachet du xiiie février 1630, il est ordonné ausdits habitans de recevoir la compagnie de la royne, mère de sa dicte Majesté, et de fournir aux gens d'armes d'icelle les vivres nécessaires (1), suivant le règlement que sa dicte Majesté en auroit faict expédier; — Lettre missive de xviie mars audict an 1630, signée de Marillac. par laquelle il est mandé ausdits habitans de fournir, suivant la lectre de cachet de sa Majesté, à la compagnie de la royne-mère tout ce qu'il faudroit à ce dict. sous l'obligation du baron de Vinpre, en attendant la monstre (revue) et que sa dicte Majesté y feroit pourveoir; — Certificat des xie et xxiiie dudict mois de mars, de ce qui auroit esté fourny par lesdicts habitans à ladicte compagnie de la royne ; — Procès-verbal faict par iceux habitans de l'estimation des vivres, chacun en son espèce; — Deux ordonnances de Monsieur frère du roy, ayant à ce pourvoir, des xxviie aoust et ve octobre audict an ; — Six autres lettres par lesquelles il est enjoinct ausdits habitans de recevoir la compagnie de chevaux-légers du sieur duc de

---

(1) La taille des gens d'armes a été instituée par le roi Charles VII, an 1445.

Chosne et de fournir aux gens d'armes d'icelle les vivres nécessaires, suivant le règlement de sa Majesté ; — Certificats du VIIe dudict mois d'octobre, de ce qui a été fourny par lesdicts habitans à la compagnie dudict sieur de *Chosne* ; — Autres lettres de cachet de sa Majesté, des huict et neuf juillet 1631, quinziesme avril, cinquiesme may, premier juinct, dix-neuf juillet 1632, par lesquelles il est ordonné auxdicts habitans de recevoir en garnison la compagnie de chevaux-légers du sieur de Oluy, le régiment du sieur Plessis-Joigny, la compagnie de chevaux-légers de sa Majesté, le régiment de ses gardes françaises et celuy du sieur de Bir et de fournir aux gendarmes et soldats les vivres nécessaires, leur promettant sa dicte Majesté qu'ilz seroient remboursez par l'ordre qui seroit envoyé aux Estats, de faire égaller la despense sur les paroisses de leur éllection, actes, certificats et quictances de ce que lesdicts habitants ont fourny aux gens d'armes et soldats, suivant l'ordre de sa dicte Majesté ; — Estat de ce qui a esté fourny par lesdicts habitans auxdits gens de guerre, vériffié par les trésoriers de France en la généralité de Soissons, du XIIIe du mois d'aoust dernier, arresté à la somme de cinq mil cinq cens vingt deux livres dix solz neuf deniers, pour le paiement de laquelle ilz auroient esté renvoyez par devant sa Majesté pour obtenir lettres d'assiette ; — Ouy le rapport de la dicte requeste, et tout considéré, le roy en son conseil a ordonné et ordonne que ladicte somme de cinq mille cinq cens vingt deux livres dix solz neuf deniers sera imposée et levée sans aucuns frais ny droicts, à peine de concussion, sur tous les contribuables aux tailles de l'eslection de Noyon, en l'année prochaine 1634, — Et à ceste fin, ladicte somme sera employée en la commission de la cour extraordinaire des garnisons qui sera expédiée pour ladicte année prochaine, pour la généralité de Soissons, pour estre les deniers en provenant, receus par le receveur des tailles qui les payera à celuy que les supplians depputeront, sur ses simples quictances, pour les employer au remboursement des dictes estappes et non ailleurs.

Faict au Conseil d'Estat du roy, tenu à Paris le dixseptiesme jour de febvrier mil six cens trente trois.

.Collationné.   Signé : Cornuel.

---

17 Febvrier 1633.

Louis par la grâce de Dieu, roy de France et de Navarre, à noz amez et féaulx conseillers en nostre Conseil d'Estat et surintendants de nos finances, les sieurs de Bullion et Bouthillier, salut !

Suivant l'arrest dont l'extrait est cy attaché souls le contre-scel de nostre chancellier, cejourd'hui donné en nostre Conseil d'Estat, sur la requeste des maire et jurez de la ville de *Chosny*, nous vous mandons et ordonnons de faire employer dans nostre commission de la cour extraordinaire des garnisons de la généralité de Soissons, qui sera expédiée pour l'année prochaine, la somme de cinq mil cinq cens vingt deux livres dix solz neuf deniers, pour estre imposée et levée en ladite année prochaine conjointement avec l'ordinaire de ladite année, sur tous les contribuables aux tailles de l'eslection de Noyon sans aucuns frais ni droicts, à peine de concussion que ceux de l'expédition et seau des présentes, que nous avons modérés à cinquante trois livres et estre les deniers en provenant receus et employez conformément à nostre arrest, car tel est notre plaisir.

Donné à Paris, le dixseptiesme jour de febvrier, l'an de grâce mil six cens trente trois et de nostre règne le vingtroisiesme,

Par le roy en son Conseil.

Signé : Cornuel.

Deux chartes sur parchemin, la première avec le sceau en cire jaune, dit de Majesté ; la seconde, avec le contre-sceau en même cire, tenus par languettes de parchemin.

Philippe III roi de France — Décembre 1282.

Philippe de France duc d'Orléans, Comte de Valois & de Beaumont
Seigneur de Chauny. — 7 août 1354.

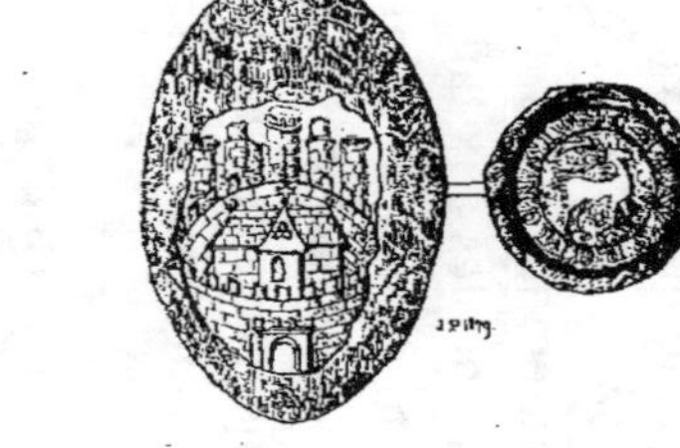

Officialité de Noyon — Décembre 1386.

Officialité de Dreux — an 1319.

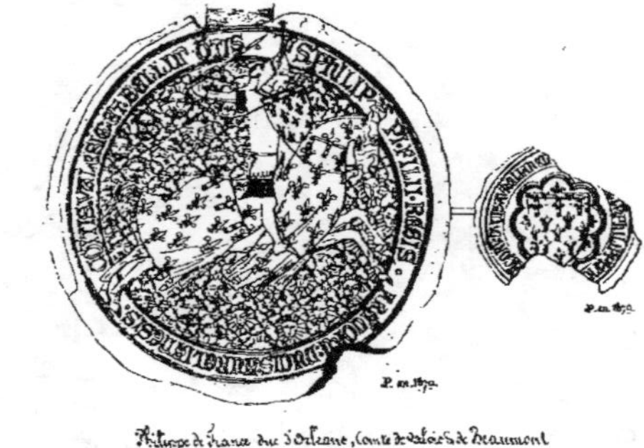

Philippe de France, duc d'Orléans, Comte de Beaumont et de Valois
Seigneur de Chauny — 28 mai 1359.

Philippe IV roi de France — an 1290.

Charles VI roi de France — an 1411.

Héliog. Dujardin.

Réduction 1/2.

Imp. Eudes.